グレ釣りが
ある日突然上手くなる

平井幹二

つり人社

はじめに

「釣れなくてよし、釣れてなおよし」というのが釣りです。釣れなくても潮風に吹かれ、大海原を前に1日ウキを見つめて過ごすだけでも楽しい。しかし、隣の釣り人が次々とサオを曲げ、そのやり取りを横目で眺めているよりは、自分が眺められる存在になったほうがより楽しいのは当たり前です。また、ときには大釣りをしても「大したことないよ」などとうそぶきたい。好きな趣味であれば上手くなりたい、デカイのを釣りたい、人よりたくさん釣りたいと願うことは自然だと思います。

しかし、思いどおりにならないのが釣りです。そして釣り人は、釣れない理由を捜すのが世界一上手い。「潮上だった」「水温が低すぎた」「エサ取りがひどかった」「横風が強すぎた」「潮が動かなかった」おまけに「二枚潮だった」などと、訳の分からないことまでいい出す。決して自分の腕のせいにはせず、条件が悪かったと自分を納得させてしまう。逆に、大釣りのときだけは「自分の腕がよい」と確信する。

……と、ここまで書いて、自分も全く同じ立派な釣り人の一人だなと感じています（笑）。

さて、前記した条件は、確かに釣りにくい要素ではありますが、だからといってお手上げになるようなものでもありません。対応方法を知っていれば、何とかしのげるものが多いはずです。そしてそれは、ほんの些細なことである場合が多い。適切な助言者がいれば、たった一言の助言で全く違う釣りができることもよくあります。ところが助言者がいないまま釣りをしていると、些細な違いに気づくことが非常に難しく、気づくまでに年月がかかります。そして釣り人の腕というのは、その些細なことの積み重ねに過ぎません。

とはいえ、助言者を得るのは思ったより簡単ではありません。1人で気ままに釣りをしている人はもちろんですが、クラブなどに入っていても、そううまくはいかない。なぜなら、磯釣りは2、3人ずつに分かれて磯に上がることが多く、思った人と肩を並べて釣る機会が意外に得られないのです。名手の釣りを見る機会も、教えてもらえる機会も、他の釣りよりはずっと少ない。そして、どんぐりの背比べの仲間と肩を並べて、釣れない・上達できないままに時間だけが過ぎていく……。

グレ釣りはそんな釣りなので、本などからの知識を実釣で試してみて技術を上げることが、他の釣り以上に上達への近道であるように思えます。本書が上手くなりたいと思っている人の、少しでも手助けになればと思います。

目次

参ノ扉 楽しく釣るための人的操作技術

四ノ扉 釣法とタナ読み

カバー装丁 日創
イラスト 廣田雅之

壱ノ扉

事前準備、「知らない・やらない」は大損だ

釣行前の準備① ライフジャケットはツールボックス

数人で釣行したとき、特にあわてた風もなくいち早くサオをだせる人がいます。あれっと思う間もなくひょうひょうとサオを振り、寄せエサを打ち込んでいます。おまけにメジナでも掛かった姿を見せつけられたら、こちらは気ばかり焦って準備がますます遅くなってしまう。釣り大会などでは、これだけで精神的なハンデを負ってしまいます。

何事にもよらず準備や片づけの手際のよさは、その人の技量にほぼ比例します。釣りが上手い人は準備も早い。そしてその秘密は難しいことではなく、事前準備に尽きます。1日の釣りをシミュレーションし、釣行前の準備を怠らず、釣り場での作業を出来るだけ減らしているからサオをだすのが素早いし、その後の手際もよい。これはやる気さえあれば誰にでもできることなので、自分は手先が不器用だから遅いと思い込まずにしっかり準備しましょう。

さて、ライフジャケットは救命具であるとともに道具入れです。グレ釣りでは、基本的に釣り開始後のすべての道具はライフジャケットに収納して完結させます。

ライフジャケットには左右上下、合計4個のポケットがあります。私の伊豆半島周りの釣りの整理としては、上段の左側には1、1・2、1・5号のハリスを入れ、ポケット下にはラインカッターとハリ外しをピンオンリールで下げています。ピンオンリールは紛失防止のためポケットに内蔵し、水抜き穴からラインを出してあります。上段右側には、1・7号、2号、2・5号のハリス、それと潮受けウキケースが入っています。

下段左側は最も使用頻度の高いハリケースだけです。下段右側には、その日に使うと予

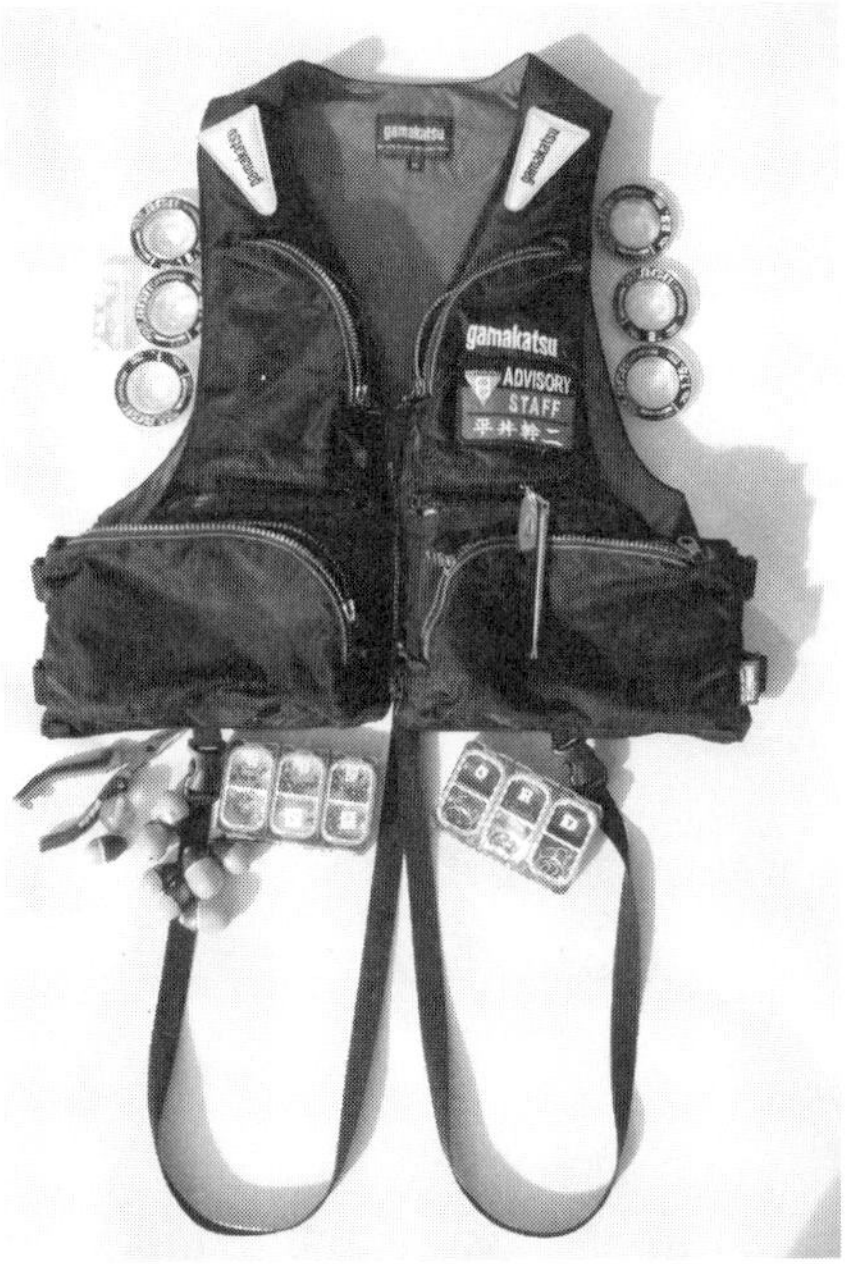

ライフジャケットは救命具であると同時に道具入れ。収納する小物類は、仕舞う場所を決めたら動かさないことが釣り場での作業のスピードアップにつながる

事前準備の良否は、必ず釣果につながる！

想した円錐ウキが7～8個と、チャック付きビニール袋に入れたコンビ用の当たりウキ、ガン玉外し用のペンチとガン玉ケースが入っています。

特殊な状況に対応せざるを得ない場合を除き、ほぼ終日バッグから道具類を捜すことはありません。これらはすべて釣行前に、ライフジャケットに収納しておきます。

釣行前の準備②　スピードアップ重視のハリとガン玉収納

「トーナメント対応」と称して、甲の部分に磁気テープでハリを収納できる手袋があります。非常に便利な手袋で、ハリの貼り付け部分は4分割されています。私は、伊豆半島周りでは左手左側から順に3～6号のハリを、離島では6～9号を張り付けています。

また、もう一工夫としてハリの収納部分の中間に両面テープを張り付け、8～5号のガン玉を5～10個ずつ収納しています。頻繁に行なう細かい調整のスピードアップとともに、できるだけライフジャケットのポケットを開ける回数を減らし、時間短縮とポケットの内蔵物紛失を防いでいます。

ガン玉ケースは、6区画タイプを背中合わせに2つを一体化すると12分割できます。各区画とも両面テープを張り付け、ガン玉を固定します。そうしないとガン玉が中で転がり、ハリスを挟む割れ目が埋まってしまいます。8号～4Bの12種類のガン玉を収納し、使用頻度の低い3Bと4Bの数を減らし、そこにゴム管、ウキ止メ用シモリ玉数種、スイベル2～3個を同居させています。

同様に、ハリケースは各区画とも磁気テープを貼って12種類のハリを収納します。

甲の部分に磁気テープでハリを収納できる機能を持つ手袋。これに自分で一工夫してガン玉も収納できるようにすれば、さらなる釣りのスピードアップにつながる

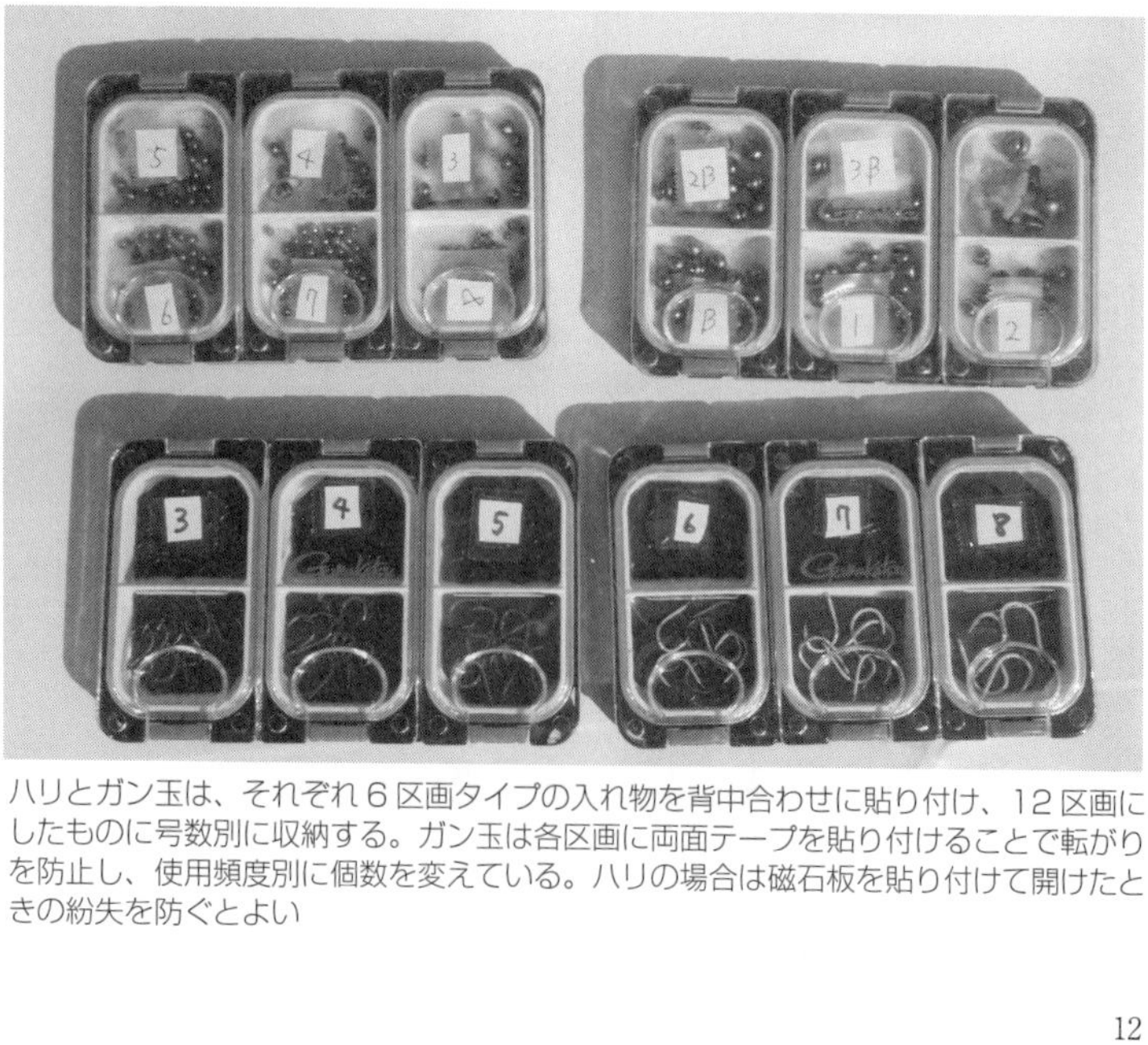

ハリとガン玉は、それぞれ6区画タイプの入れ物を背中合わせに貼り付け、12区画にしたものに号数別に収納する。ガン玉は各区画に両面テープを貼り付けることで転がりを防止し、使用頻度別に個数を変えている。ハリの場合は磁石板を貼り付けて開けたときの紛失を防ぐとよい

釣行前の準備③　悩ましい釣りザオの事前セット

釣行前に最低限リールとウキまではセットしておくことが望ましい。しかし、この事前準備が意外と考えてしまいます。シミュレーションしようにも、風向きやサラシは現場に着いてみないと正確には分からない。だからラインやウキの選択は、天候を予測して、迷いながらセットするしかありません。風向きなどが全く予想を外れた場合は、現場でウキを替えます。それでもすべてを釣り場でするよりは早いはずです。

また、釣り大会では自由に釣り場を選べないので、根の荒さや魚の大きさに対応するため、サオの強度とラインの太さを変えて2種類セットしておきます。

【エピソード】

厳冬期、1月末の釣り大会でのことです。早朝に磯上がりをしましたが、特に冷え込みがひどい朝で指の感覚がありません。何とかハリスは連結しましたが、Bのガン玉がハリスに打てない。指先からガン玉が転げ落ちてしまい、6号などは全く無理だと思いました。結局手を体温で温めながらセットしましたが、時間がかかり、ひどい経験でした。この

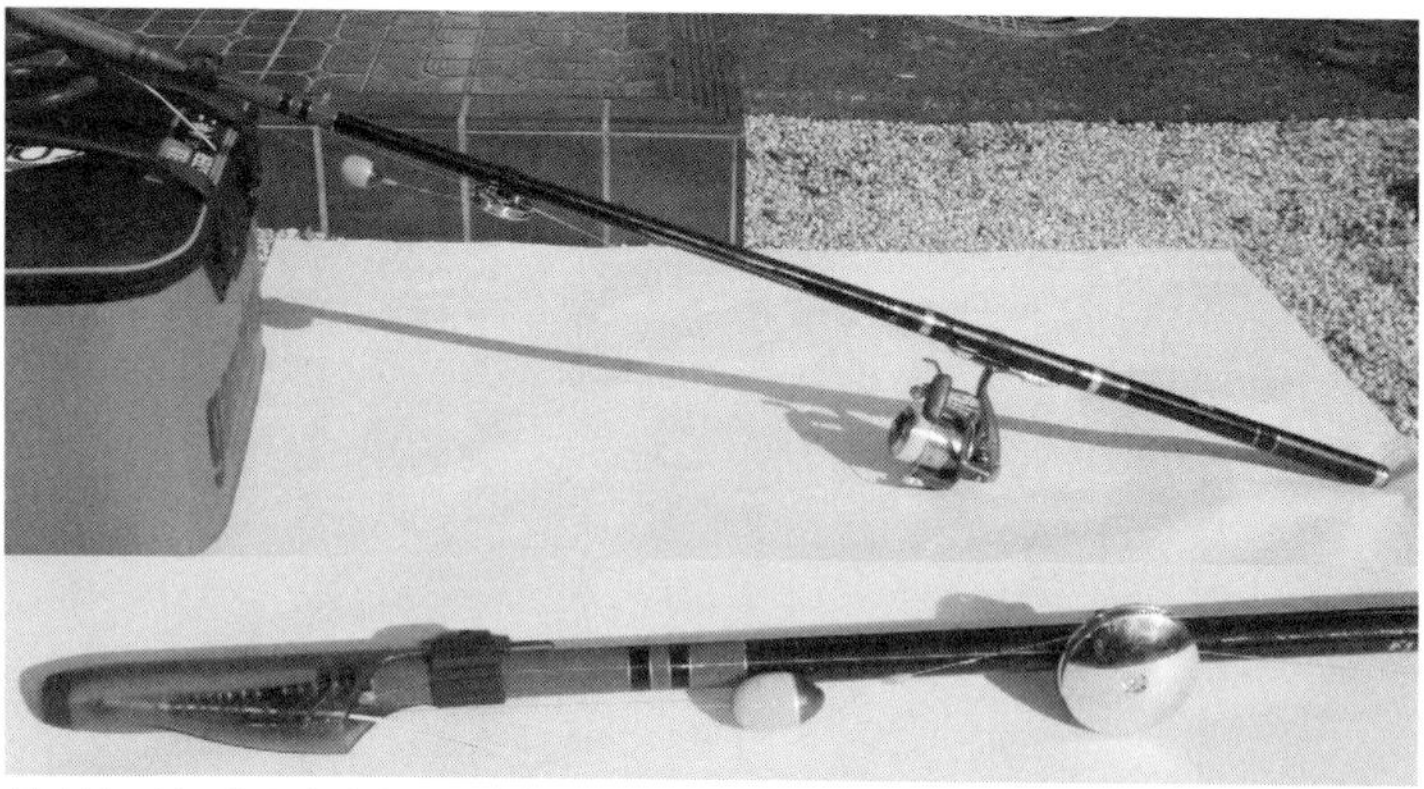

サオは、リールとウキまでは事前にセットして釣り場に臨みたい
（下写真／円錐ウキ右側の円盤状ものは釣具店オリジナルのハリス巻き）

ときは寒さを予想できなかったのですが、今後は厳しい寒さが予想されるときにはハリスやガン玉までセットしようと思いました。ハリスまでサオにセットするための専用のハリス巻きもあるし、なければ空になったハリスケースを使えばよいのです。

さらにもう1つのエピソード。甑島（鹿児島）のG杯全国大会に初出場のときです。リーグ戦をこなすために6時50分に磯上がり。1回戦は7時から始まります。とにかく忙しい。ところが九州の7時頃はうす暗くて、ヘッドランプなしではとても準備ができません。暗さに対するシミュレーションが全くできていなかったのです。次回は当然用意しましたが、初戦の対戦相手は持参しておらず貸してくれといわれ、「うん、終わったら貸す」と答えました。もちろん試合の結果は見えています。

釣行前の準備④　スプールへのラインセットは早めに

ラインは最低でも釣行の3～4日前にスプールに巻き、なじませたほうがトラブルが少ないです。

私は柔らかめのラインが好きですが、硬めのラインを使用していると、巻いた直後はバックラッシュが起きやすくトラブルの種です。硬く強いラインの場合には、使用前日にスプールごと水につけて馴染ませてもよいのです。

巻く量はスプールの高さより2～3㎜低い程度。少ないとウキの飛びが悪く、多すぎるとバックラッシュを起こしやすくなります。風の日にバックラッシュなどを起こしてしまったら、それこそ始末に負えず、スプールの取り換えという事態になりかねません。また、スプールに巻いたラインには、状況に応じてなるほど結びなどでウキ止メを付けておくのは無論のことです。

寄せエサ作りは技術だ

これこそ事前準備の必須中の必須。釣り場でコチコチのオキアミを砕く人をときおり見かけますが、これは論外です。たとえ解凍されたオキアミであっても、現場で作れば5〜10分かかってしまいます。また、事前に配合エサとブレンドしたオキアミは時間とともにしっとりなじみ、加える海水が少なくてすみます。作りたての寄せエサに海水を加え調整すると、次第にオキアミから水分が出てきて水っぽくなり、配合エサで再調整が必要になります。

分かりきったことですが、エサ屋さんに事前予約して半解凍の状態から配合エサとブレンドしておきましょう。なお、私は気合の入った釣りでは、いつも渡船前に若干の海水を加えてすべて仕上げておきます。

さて、遠投用に重く硬く作った寄せエサは、遠投には適していますが近距離にバラケて打つには不向きです。また着水後に拡散しにくくなります。逆に軽く柔らかく作った寄せエサは近距離にバラケて打ちやすく、着水後は拡散します。理想は遠投が利き、バラケやすく、着水後に拡散する寄せエサですが、これらの要素を併せ持つことはできません。

私の今の寄せエサ作りを紹介します。比率はオキアミ3kgにおおよそグランディス4分の1袋、グレパワー遠投フカセTR2分の1袋、V9を3分の1袋です。グランディスは重さがあり遠投に向きますが、入れすぎると粘って拡散しません。中庸の遠投フカセとやや軽めのV9を入れて性質が偏らないようにしています。さらに拡散させたいときは、パン粉系のグレベストを混ぜます。また、現場での調整用に遠投用の粉をバッグに忍ばせています。

なお、オキアミは細かくカットすればするほど配合エサになじみ、遠投力が増します。

私が使用している配合エサ各種

仕掛けと同じく、寄せエサ作りも事前準備が肝心なのはいうまでもない

ただしエサ取りの多いときには、寄せエサのオキアミにエサ取りの注意を向けるため、3分の1くらいはカットしない大きいままのオキアミを残します。

そして、作った寄せエサはバッカンにすべて詰めてしまわず、最低でも2分割し、半分はビニール袋に入れて持参しましょう。私は大体3分割していきます。これにはいくつかの意味があります。まずバッカンに全部入れると、万が一バッカンが波にさらわれたら釣りが終わってしまいます。分けておけば、残りで釣りが継続できます。また、多少しぶきで水っぽくなっても、残りを足すことで適度な硬さに回復できます。

さらに重量の問題があります。場所移動の際、寄せエサ満杯のバッカンは重く、転倒の可能性も高く危険です。軽いバッカンなら気軽に移動できるので、移動にためらいがなくなります。渡船でも地磯でも、わずか10m釣り座を変えるだけで全く違う釣果になる場合もあります。また、多少離れた場所にもためらいなく移動できます。

重量の問題はもう1つあります。渡船の道具の受け渡しでです。渡船が押し着けをしてくれる場合には、重量はあまり問題になりません。しかし関東では、押し着けせずに道具を投げることが多いのです。この場合、ひとつの荷物が重すぎると、投げることも受けることも難しくなります。受け損なって岩場に直接落ちるとバッカン自体が壊れてしまいます。だからビニールに入れた寄せエサを生かしバッカン等に分割し、1つの重量を減らしたほうがスムーズです。

逆に、関西の渡船などで平坦な磯に押し着けで渡船する場合は、寄せエサや道具類一切を1つの荷物にまとめて背中に背負い、片手にサオケースを持ち、スタスタと磯に上がるスタイルです。複数の荷物で往復するようでは、渡船経験の少ない素人と思われてしまいます。

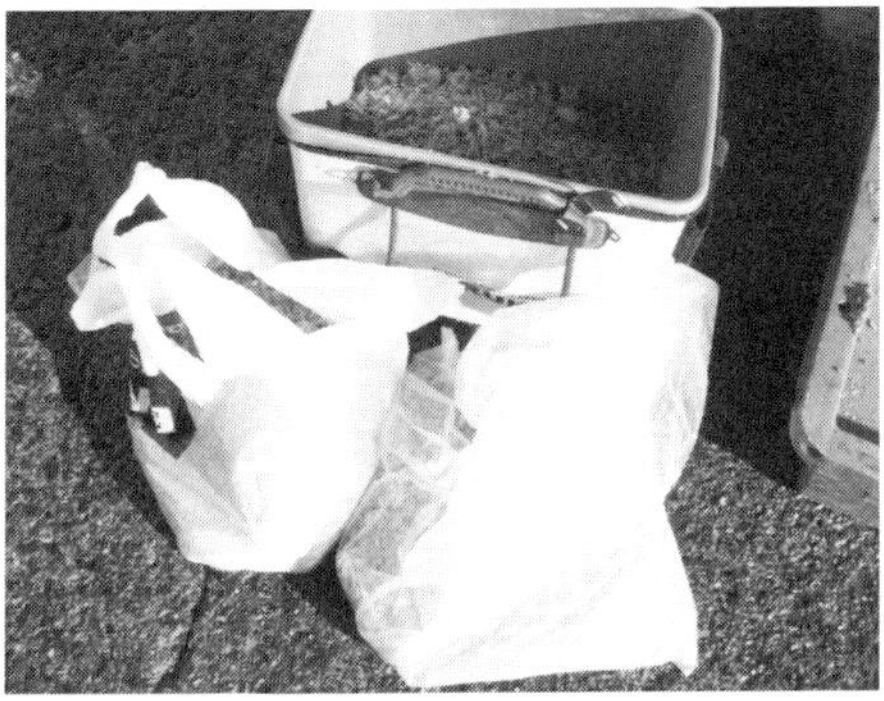

事前に作った寄せエサは分割し、半分はビニール袋に入れて持参するとよい

磯渡しの際や釣り座を変えるとき、寄せエサを全部バッカンに入れてしまうと移動性が悪く、ときには危険ですらある

付けエサの工夫

私は、生のオキアミブロックの付けエサを購入することはほとんどありません。質のよいブロックなら付けエサも採れます。ただし、そのオキアミに少し手を加えます。まず解凍した寄せエサ用オキアミの表側の表面近くから、剥《は》ぐように1日の使用量分を別にとっておきます。寄せエサ用オキアミには表と裏があり、表側の表面にしっかりしたオキアミがあります。次に、寄せエサに配合エサを入れたら全体を混ぜる前に、その粉の上に付けエサ用オキアミを乗せてよくまぶします。私は、付けエサにまぶす粉はＶ９にしていますが、各自の寄せエサの色合いに合った粉でよいと思います。まぶしたオキアミは付けエサとしてエサ箱に入れますが、気温が高いときには半量は他のエサ箱やビニールに入れてクーラーに保管します。

この加工には２つの意味があります。まずオキアミから余分な水分を取る、もう１つは、配合エサの色に着色して、寄せエサと同化させたいからです。以前は付けエサのほとんどを寄せエサの中から拾って付けていました。これが最も寄せエサと同化してよいのですが、手とリールがひどく汚れてしまい、タイムロスも大きいのです。だから次善の策としてこんな方法をとっています。

なお、付けエサ用オキアミは絶対に雨などの真水にさらしてはいけません。崩れるように柔らかくなり、付けエサとして使用できなくなります。

また、秋磯のエサ取りが跋扈《ばっこ》するとき、ボイルまたは半ボイルオキアミは必需品です。単なる食いのよさは断然生オキアミが上ですが、付けエサが残らなければ話になりません。生オキアミだけでは不安な時期には、半ボイルなどをクーラーに忍ばせています。

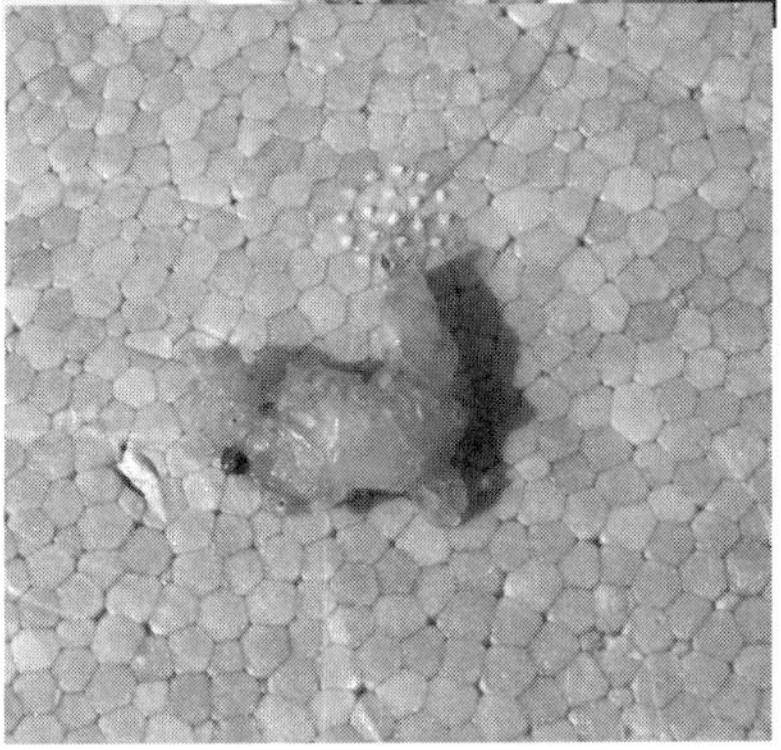

付けエサにも一工夫。寄せエサを作る際、オキアミと配合エサを混ぜる前に粉の上に付けエサ用オキアミを乗せてよくまぶす。これをエサ箱に移して使用する

インターネットを利用してシミュレーション力を上げよう

釣行前の情報収集は欠かせません。私は今でも、いい歳をして釣行の1週間前くらいから釣り場の状況が気になってソワソワしてしまいます。インターネットを検索して釣り宿の釣果情報を見たり、ヤフー天気予報で釣り場の気象情報を検索しています。ほぼ休日ごとに釣りに行くので、要するに一年中ソワソワ・ウキウキしているってことです(笑)。

今は日本全国どこでも、おおよその情報はネットでつかめます。だから釣り場選択のためにも、自然条件に関しては少なくとも風向き、風力、波高、潮回り、干潮・満潮時間とそのときの潮位くらいは把握しておきましょう。また、ウネリは上げにかかると急に高くなることがあります。干満の時間を知っておくことは安全確保にも役立ちます。そして渡船情報からは潮温と釣果情報が分かり、おおよその好不調が読み取れます。

さて、ここまで釣行以前の超常識として、事前の準備、情報入手、それに基づくシミュレーションの必要性を話しました。実は、シミュレーションすること自体も技術なのです。同じ事前情報を持っていても、技術レベルによって想像できる範囲は異なりますから、結果としてシミュレーションが違ってしまいます。

しかし、どのようなレベルであってもシミュレーションはやはり必要です。たとえ現地に行って全く予想が外れてもいいのです。外れたこと自体が蓄積となり、次の釣行へと続くからです。

くれぐれも牛に引かれて善光寺参り、といった釣りはしないようにしましょう。

携帯電話の釣りサイトなどにアクセスすれば、釣り場の気象や潮時、釣果などの各情報を気軽に入手できる。なかには最近爆発的に普及が進んだスマートフォン用のバージョンなどもあってさらに見やすさが向上している（写真は、つり人社が監修しているサイト「釣りキング」）

地磯は大潮、渡船は小潮

私は釣行の半分以上が地磯です。地磯で40㎝オーバーのメジナが釣れるのは、ほぼ朝夕のマヅメに限られ、高潮位が有利です。だから地磯の釣りは、マヅメと満潮が重なる大潮回りが向いています。

ただし、大潮回りの満潮は潮位が高いので、釣り場によっては往来が危険な場所がありますし、逆に浅い釣り場は日中の干潮時には釣りになりません。気象庁の潮位表には、時間ごとのタイドグラフがあり、大いに参考になります。地磯釣行のときには、これを利用して釣り場の潮位を予想して釣り場を選びます。

逆に渡船利用の場合には、小潮回りが好きです。大潮回りは朝の渡船時間の潮位が高く、多少の波でも思った磯に上がれないことがあります。また、朝のゴールデンタイムを過ぎると潮位が次第に低くなり、面白い釣りができなくなるポイントもあります。特に日中の潮位が低くなる6月頃には潮が引き切って、浅い釣り場では底が透けて見えるような潮位になり、全くお手上げになってしまうこともあります。

渡船利用の釣り場は、日中でも大ものは来ます。だから磯上がりから昼にかけて潮位が徐々に高くなる小潮回りなら、退屈する時間がありません。いずれにしろ地磯、渡船とも、潮回りと満潮と干潮の時刻を事前に理解しておくことは必須です。

地磯（上）と渡船利用の磯（下）では、潮回りの選択も違ってくる。一概に大潮回りがベストではなく、また潮位との兼ね合いも考慮すべきだ

ホームグラウンドで成長しよう

沖磯であれ地磯であれ、一定期間ホームグラウンドと呼べる同じ磯、同じポイントに通うことは釣り人の成長にとって必要です。

同じポイントでも、潮の流れ、サラシの大小、水温等によって、それは毎回違う顔を見せてくれます。前回の釣りが通用しないとき、釣りたいという意欲が強い人は、そのポイントの中でも釣り座を変え、仕掛けを変え、タナを変え、投げる距離を変え、試行錯誤します。

ところが、全く初めての磯では形状や磯の水深なども未知で、茫洋《ぼうよう》とした中で自分が何をすればよいのか分かりにくいと思います。そんなときでも通いなれた磯であれば、形状を知っているので、深い部分の深ダナをねらおう、根際をねらおう、遠投してみようなどと、前回までの経験を参考に何らかの対応策を立てることが可能になります。その中でヒットパターンが見つかれば、1つの対応方法が自分の引き出しとなり、他の磯に行ったときの読みの技術を確実に上げてくれます。また、たとえ熟知した磯であっても釣果をあげることは楽しく、自信にもなります。

グレ釣りに限らず、遠くの釣り場は魅力的に映るもの。しかし、経験を積み重ねて腕を磨くにはやはりホームグラウンドだ

特に磯釣りを始めて数年の、発展途上の釣り人にはこうした経験の積み重ねが必要と思います。

弐ノ扉

それでいいのか？タックル大検証

サオ&リール

メジナのウキフカセ釣りの技術的要素としては3つあります。まず、サオ、リール、ウキ等のタックル。次に振り込みや寄せエサ打ち、ラインコントロール等の人的技術。そして釣法の選択とタナや距離等の読みの3つです。

もちろんこれらは相互関係にあります。たとえば細ハリスのタックルで大型を釣るには、取り込みの人的技術が必要です。食い込みのよい小型のウキを使いこなすには、投入とラインコントロールの人的技術が必要です。また、遠投や深ダナ等の読みには、それに対応した釣法とタックルが必要となります。あくまで釣果は3つの要素の総合力についてきます。この扉では、まずはタックルと、その使用についての考え方を話します。

●サオ

サオの長さは、私の場合、操作性と自分の体力を考えると5・0mか5・3mに落ち着いています。根をかわしやすくするために以前は6・1mも使いましたが、今は重くてうんざりです。先調子か胴調子かの問題がありますが、掛けた直後の引きをラインを出さずに

がま磯マスターモデル口太（写真はファインタイプ5・3m）

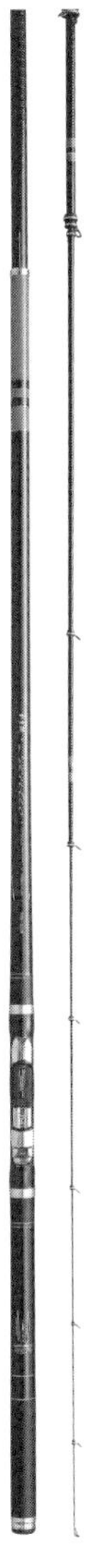

がま磯センティオ（写真は1・5号5・3m）

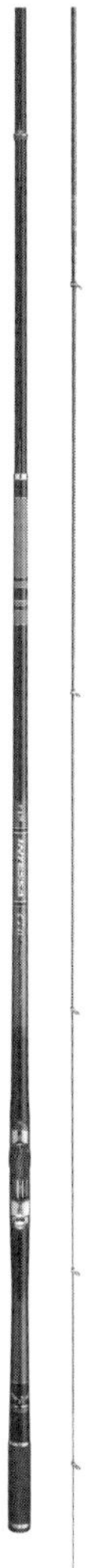

がま磯インテッサG・Ⅳ（写真は1号5・3m）

がま磯アテンダーⅡ（写真は1・25号5・3m）

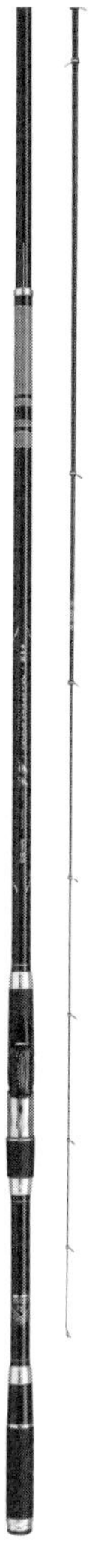

がま磯マスターモデル尾長（写真はミディアムハードタイプ5・3m）

こらえるには、胴に粘りのある5・3mの胴調子がよいと思います。中型までの数釣りならば、操作性のよい5・0mの先調子が圧倒的に使いやすいと思います。5・3mと5・0mでは、同じサオでも全く違う操作性になります。

こんな観点から、伊豆半島周りの数釣りでは先調子の「がま磯マスターモデル口太F」5・0m、「がま磯センティオ」1・25号5・0mを使うことが多く、大型ねらいではやや胴に掛かる「がま磯インテッサG―Ⅳ」1・25号5・3m、「がま磯アテンダーⅡ」1・25号5・3mなどがよいと思います。ただし伊豆半島周りでも、根の荒いところで強引なやり取りが必要な場合には1・75号を使うので、大会のときは持って行きます。

離島では、「がま磯インテッサG―Ⅳ」1・75号5・3mや「がま磯マスターモデル尾長M」5・3mなどがよいと思います。

●リール

普段の伊豆半島周りでは、2500番か3000番のレバーブレーキのリールに1・75号と2号のラインをセットし、替えスプールに1・75号を巻いておきます。離島では、最低3個のリールと替えスプールを2個は持って行き、2、2・5、3号のラインをリールに巻き、替えスプールには使用頻度の高い2・5号と荒い根用の4号を巻いておきます。

リールは、瞬間的なイト出しと確実なストップがかけられる
レバーブレーキタイプを長年使用している

瞬間的なイト出しと確実なストップがかけられるので、私は20年来レバーブレーキのリールしか使っていません。

ライン選択は風対策重視

ほぼ全員が使っているナイロンラインについて触れます。ナイロンラインは、水に浮きやすく軽いフローティングラインと、重く沈みやすいシンキングラインに大別できます。私は、ほぼシンキングラインを使っています。それは私の釣法が沈ませ釣りを多用するからでもありますが、ライン選択のキモとして風への対応を重視するからです。実釣の中で風が吹かないことは、ほとんどありません。風への対応が釣果の決め手の1つです。

横風が吹いたときにフローティングでは、ラインは水面に浮いたままで風の影響を受けてしまいます。シンキングであれば、サオ先を水面に付けているとやがて水面下へ沈み、風の影響が少なくなります。風の影響を受けてラインがウキやハリスを引くと、まず100%アタリは出ません。極力横に引かれる動きを押さえなくてはなりません。

PEラインが出てきたときには、将来はPEが席捲《せっけん》するのではないかと思われました。しかし、現在でもメジナ釣りではほとんど使われていません。軽すぎて横風に舞い上がり、始末に負えないからです。ただし、千葉などの浅い海で根越しの沖をねらうような場合にシンキングを使うと、沈んだラインが途中の根に掛かってしまうことがあります。また、

ラインは、沈ませ釣りを多用することと、風対策としてシンキングタイプのナイロンラインを主に使用している

ラインさばきは浮いているフローティングが断然楽なので、無風時のスピードを要求される数釣りにも向いています。

太さについては、半島周りではほぼ1・75号で通しています。数釣り競技では1・5号を使い、荒い根で強引なやり取りが必要なときでも、せいぜい2号。そして、ライン以上のハリスを直結しても問題はありません。離島では場所により状況が大きく違うので2〜4号を使い分けますが、2・5号か3号が多いです。

必要以上に太いミチイトは、風に弱く、極端に操作性が落ちるため、結局感度の悪い大きなウキを使う羽目になってしまいます。

ウキのメリット・デメリット① 円錐ウキ

ウキフカセ釣り用のウキは、ほぼ円錐ウキ、立ちウキ、コンビウキの3種類でしたが、最近では環付きウキを使う人も増えてきています。使い方も従来とは異なり、立ちウキや環付きウキのイトの通りのよさを利用したスルスル釣りなども行なわれています。釣り人それぞれが、ウキに合わせて工夫しています。

しかし、ウキに求められる機能は今も昔も共通しています。早く正確にメジナの居場所に付けエサを届けるために操作しやすいこと、付けエサを口にしたメジナに違和感を与えず敏感に反応すること、そしてよく見えることの3つです。換言すると、操作性、感度、視認性となります。しかし、この3機能は相反的で、すべてを満たすウキはありません。それぞれの利点と欠点をもとに、各種ウキを比較してみます。

円錐ウキは、ウキフカセでは最もポピュラーなウキで、私自身も最も多用します。円錐ウキは視認性では立ちウキに劣り、感度ではコンビウキに劣ります。しかしタナの変更が自由自在なうえに、タナを取る釣り、スルスル釣り、沈ませ釣り、コンビウキへの変更など、多くの釣法に対応できます。そしてなにより他のウキと違い、支点がウキのトップにあるので、ミチイトを張ってウキを止めてもウキが沈まないという特徴があります。つまりウキを操作しても、沈んでしまうなどの意図しない変化を与えずに操作できるのです。円錐ウキは、この操作性のよさと対応力の2つを備えているから最も多く使われるのだと思います。

①浮力限界を知る

浮力限界を知ることは、ウキ使いの原点です。円錐ウキも同じで、浮力限界を知らないままポッカリと浮かべた円錐ウキでは、まずアタリは半減してしまいます。ウキの浮力はそのままメジナがエサを口に含んだときの抵抗となり、ハリを吐き出してしまいます。スレたメジナほどこの傾向は強いのです。無論ウキの大小の問題はありますが、同じウキでも極力抵抗を減らすためには、浮力を限界まで殺さなくてはなりません。そして釣り場で浮力を限界まで殺して使用するためには、事前にそのウキの浮力限界を知っていなければ即応できません。

②現場で浮力限界を計る

まずハリスを付ける前の仕掛けで、タナを10㎝とります。そして使用するウキがサイズS、浮力表示Bのウキであったとしましょう。風やサラシの影響を受けない止水状態の場所を選び、B、2B、3Bなどのガン玉を打って浮かべてみます。Bで浮き、2Bで沈むなら、その間が浮力限界。次にBを打ったまま、5〜8号のガン玉を順番に、あるいは組み合わせを変えて取ったり付けたりしてみます。やがて水中にポトリと落としたウキが、沈むでもなく浮くでもない漂う調整に行き当たります。これが浮力限界です。これを記憶するかマジックでウキに記入しておきます。

ただし、この状態にハリとハリスを付けると、かなりのスピードで沈んでしまいます。これらは想像以上に重いのです。固定ダナで釣るためには、ここから6号くらいの重さを取る必要があります。

③自宅で計る

私は自宅で事前に計って、マジックで記入しています。都合上、弐ノ扉に記しましたがこれも重要な事前準備です。計り方としては、まず7㎝ほどに切った1・5号くらいのイトを多数用意し、8号〜5Bまでのガン玉を各イトの末端に1つずつ打ちます。それを発泡スチロールなどの水に強い薄板などにテープで留めて整理しておきます。次に、半分ほど水道水を入れたバケツと、ヨウジの先を2㎝ほど切ったものを用意します。そしてガン玉の付いたイトを下方からウキに通し、下方から楊枝で留めます。この留める作業は水中で行ない、ウキの軸穴から空気を完全に抜きます。そしてガン玉の組み合わせを変え、バケツに浮かべ直していると、やがて真水での浮力限界が分かります。これをマジックでウキに記入します。

この真水の浮力限界くらいが、たまたま海水での固定ダナにちょうどよくなります。この固定ダナの調整に、Sサイズのウキだったらガン玉6号くらいを足すとゆっくりとウキが沈み、沈ませ釣りに早変わりです。慣れれば海水と真水の浮力の違いは、おのずと分かってきます。

円錐ウキ各種。限界浮力をマジックで記しておけば一目瞭然

④浮力限界の変化

浮力限界を知っただけでは実釣で自由にウキを操れません。今までゆっくりと沈んでいたウキが、少し潮が流れ出した途端に沈まなくなってしまいます。実釣の中では、潮の流れ、横風、投げる距離がウキを引く力になり、大きく浮力に影響してウキが沈みにくくなります。そのときには、また5~8号のガン玉を付けたり取っ

たりで、実釣の中で調整します。そしてこんなことを繰り返して釣りをしていれば、やがて海況の変化に対して何を付ければよいか予想がつくようになり、対応が適確で素早くなります。

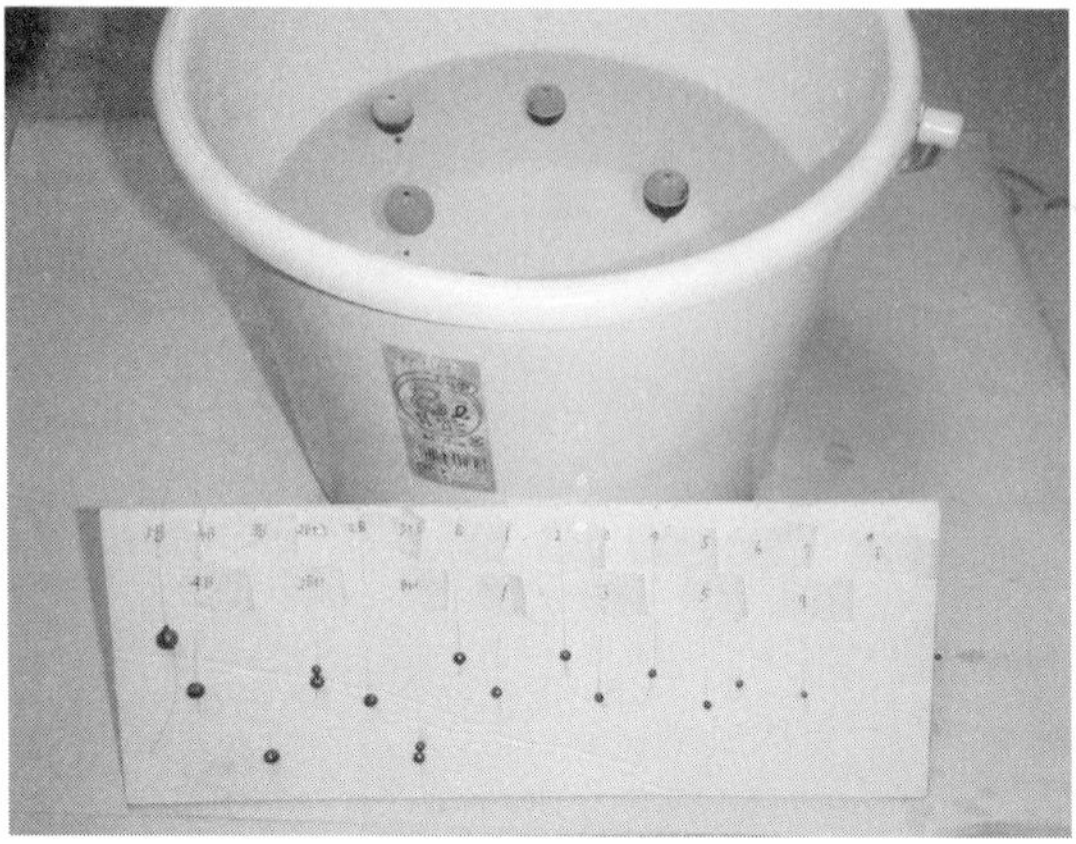
自宅でウキの浮力限界を計るときは、こんな感じで行なうとよい

調整が上手くできるようになると、サオ先を30～50㎝上下してラインの張りを少し変えるだけで、ウキが水中で留まったり沈んだり、自由に操れるようになります。沈ませ釣りでも沈む途中でウキを止め、特定のタナを重点的に探れます。寄せエサと同調していないと思えば、寄せエサの沈下を待つこともできます。そして、「今、自由にウキを操っているな」と感じられることがあります。こんなときには、きっとそれだけで自分が上手くなったような、うれしい気持ちになれるはずです。

ウキのメリット・デメリット② コンビウキ

コンビウキは感度の点では最強です。メジナがスレていて、浮力を殺しても円錐ウキではアタリが出ない、そんなときでもコンビウキなら気持ちよくアタリが取れます。しかしコンビウキは固定ウキなので、せいぜい4～5mまでしかタナが取れません。あまり深くすると操作不能です。また、飛ばしウキもアタリウキも水面に浮いているため横風に流されやすく、流されるとアタリは出ません。さらに、遠投した場合はアタリウキが小さいので極端に視認性が落ちます。だから使用できるのは、ポイントが近い、タナが浅い、横風が弱い、の3条件が整ったときであり、この状況では最強です。春と秋の高水温時の浅ダナに向いたウキです。

①コンビウキの沈ませ釣り

コンビウキは限定的な使用になりますが、やはり感度のよさは捨てがたく、私自身の工夫で汎用性を高めています。ひとつは、27㎜のスーパーボールに3Bのガン玉を埋め込み、ヒゲを付けて、そのヒゲにガン玉を打ち浮力調整します。さらに市販の飛ばしウキにも板オモリを両面テープで張り付け、やはりガン玉で浮力調整できるようにしてあります。この工夫による浮力調整が風への対策と沈ませ釣りを可能にします。ただし、やはり固定の浅ダナからの沈めなので、深いタナの沈ませ釣りには時間がかかり非効率で、遠投にも不向きです。

【エピソード】

伊東（伊豆）在住のKさんに、秋の伊東堤防に案内されたことがありました。釣り始めに私は円錐ウキ、Kさんは自製のコンビウキを使用。秋の堤防は20㎝前後の小メジナが浮き上がり、数釣りになる状況。しかし円錐ウキとコンビでは全くペースが違い、私もコンビウキに替えました。

すると次にKさんは、少しでも良型を釣るためにやや大きめの発泡スチロールの視認性のよいアタリウキに替えて30ｍほど遠投し、次々と掛けまくります。私のアタリウキでは遠投すると小さすぎて極端に視認性が悪くなり、遠投には不向きです。一方、Kさんのアタリウキは B~2B程度の負荷の大きめの発泡ウキですが、さらによく見えるように、ウキの負荷を殺し切らずに使用して遠投に適応させていました。

Kさんはこの日の状況に見事に対応し、私にとっては記憶に残る完敗の1日でした。ただし、状況が変わり食い渋ったときには、視認性をよくするための残存浮力が問題となる

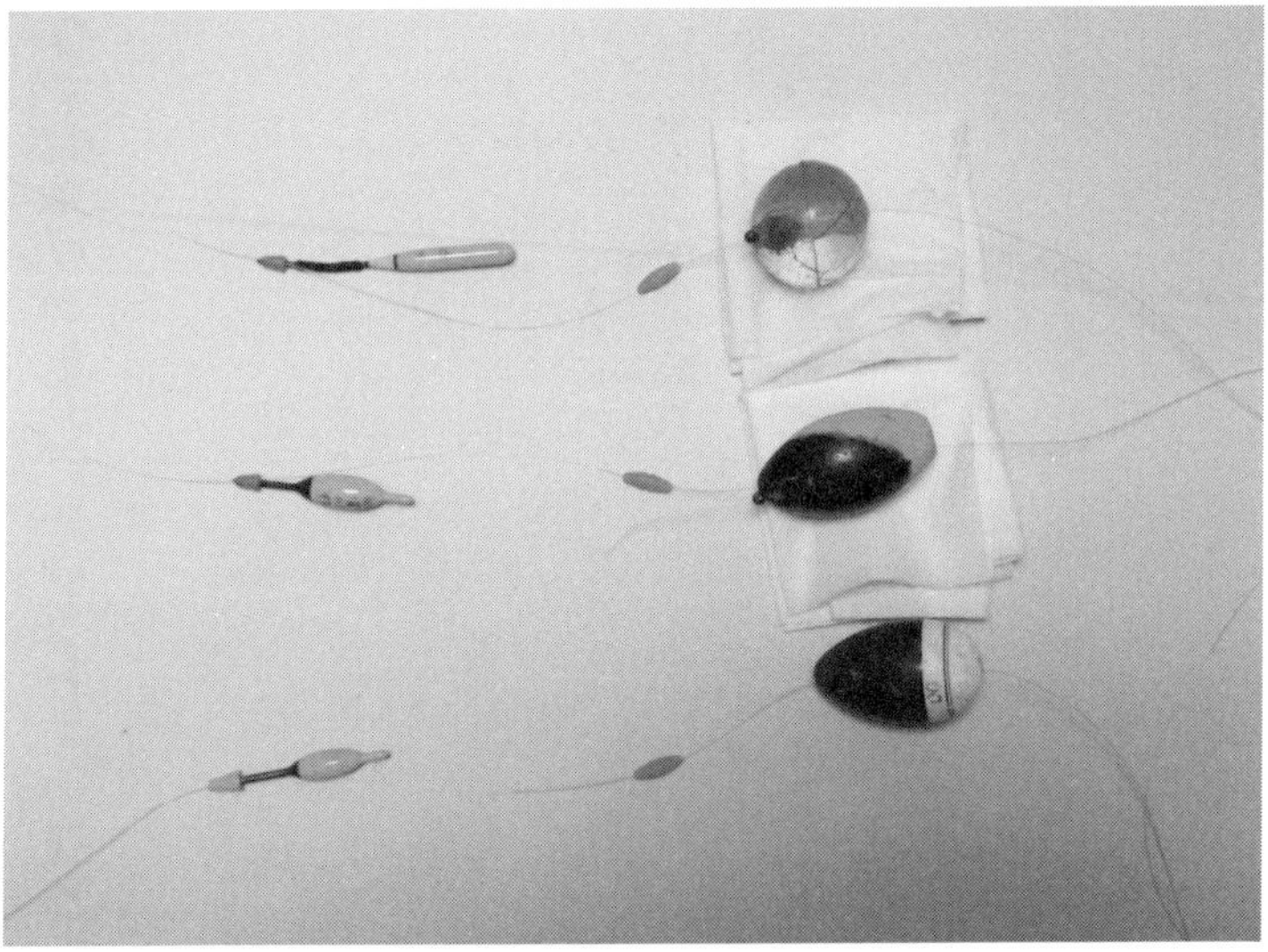

コンビウキの3例。上は 27㎜径のスーパーボールに 3B のガン玉を埋め込んだオリジナル仕掛け。市販の飛ばしウキ（中、下）も、板オモリを両面テープで貼り付けるなどして浮力調整している

ことはあり得ます。

②コンビウキ病

コンビウキの感度のよさに驚くあまり、コンビウキでなくてはアタリが出ないような先入観に囚《とら》われてしまう人がいます。その結果、冬の低水温時にもコンビウキを使い、深ダナには全く対応できなくなってしまう状態をコンビウキ病と呼んでいます。ワクチンは、B～3B負荷の円錐ウキです。

ウキのメリット・デメリット③　立ちウキ

立ちウキには、遠矢ウキのようなオモリ内臓の自立タイプと、ヘラウキのようなオモリが付属しない分離タイプの2種類があります。どちらも視認性と感度は抜群です。水面に浮かんだウキがスパッと消える快感が素晴らしく、かつては私も自立タイプをさんざん使いました。

しかし、どちらの立ちウキも下端に支点があるために、ラインを張ると沈んでしまうという操作性上の難点があります。また、ラインが張り気味になる沈ませ釣りには潮受けが悪すぎて不向きです。水面にある割りには横風に強いが、やはり風には流される弱点もあります。

ただし、止水の静かな水面では魚がエサをついばんだだけでウキに変化が出るほど感度がよく、分離タイプなら水深をきっちりと計ることができます。自重があるため遠投も簡単で、堤防のクロダイ釣りなどでは多く使われています。また、最近では自立タイプがスルスル釣りに使用され、視認性のよさが生かされています。

ウキのメリット・デメリット④　環付きウキ

環付きウキにも2つのタイプがあります。1つは天狗ウキのような潮受けのよいベーゴマタイプ、もう1つは円錐ウキの下部に環を付けたタイプです。

前者はマイナス浮力で、エサを運ぶ機能に特化したウキです。離島などで潮の流れを利用して壁際のエゴにエサを送り込む場合などには非常に優れた機能を発揮し、他の釣りでは無理なメジナを釣れるでしょう。ただし、使用方法を誤って固定したりウキ止メを付けてしまうと、抵抗が大きいので極端に食い込みが悪くなります。また、潮流に合わせてウキのマイナス浮力を選び、ラインの操作で流し込まなくてはならず、選択と使用が難しいウキだと思います。汎用性についても疑問です。

後者のウキは、最近は使用する人が多くなっています。感度や視認性は円錐ウキとほぼ変わりません。利点はワンタッチでウキが替えられ、ラインの通りがよいことです。だから海況への対応が素早くできるし、イトの通りがよいのでノーシンカーのスルスルもやりやすい。ただし環付きウキは下部に支点があるため、流れの中でウキを操作した場合等にはやはり沈みやすく、意図しない影響が出てしまう。操作性の点で、やや難点があると思います。

なお、立ちウキも環付きウキも通りがよいのでノーシンカーでもラインの落ちはよいのですが、逆に風などでラインが浮き上がりやすく、よりシビアなラインコントロールが必要になります。


さて、最後にもう一度、使用ウキの選択基準をおさらいしておきましょう。

自由にキャストができ、自由にコントロールできる、これがまず第1のウキの選択優先基準です。その次に感度がきます。そして自由にコントロールするためには、ラインメンディングの技術が必要です。いくら感度のよい小さなウキを使っても、風や波で寄せエサや流れの筋から外れてしまってはノーヒットです。だからウキの選択基準は、自然条件と自分の技術との兼ねあいということになります。技術を上げれば、感度のよい小さなウキを使えます。

ハリスの長さと太さ考

1号のハリスであっても、引っ張って切ろうとしたらサオが折れます。それほど強いのですが、メジナは簡単に切っていきます。ハリス切れの原因は、結節の失敗以外はほぼ100％根ズレと思ってよいのです。その根ズレに強いので、フロロカーボンがハリスとして使われています。

標準的にはハリスは3ｍくらいで使うことが多いのですが、無論メジナが浮いた状態なら50㎝くらいまでは詰めます。3ｍのままでも、スイベルを使用していなければウキ止メ用のゴム管をハリスの半ばに移動し、ハリスにナルホド結びでウキ止メを付ければすぐに浅ダナに対応できます。ハリスを6ｍくらい取り、はじめからハリスの中にウキを入れる方法もあります。この方法はハリスの長さを簡単に変えられますが、ハリス以上のタナを取ることができないのが欠点です。また、ハリスの使用量も多くなり不経済で、ウキも失いやすくなります。

一方、水温低下で食い渋ったときなどには、ノーシンカーのハリスを4～5ｍ取ることがあります。全体をフワフワさせ、緩みを大きくすることで食い込みをよくします。食いの渋いときの引き出しの1つです。

太さについては、伊豆半島周りでは1~2・5号を持参し、場所と目的に合わせて1日の中でも変えていきます。離島では1・5~4号を同様に使います。大メジナが出たり、根が荒ければ太ハリスを、数釣り競技であればバラシ覚悟の細ハリスを使用して食わせ優先にします。

ハリスの太さにはその人の考え方が色濃く出ます。アタリが少なくても太ハリスを使い一発デカイのを取りたい人がいれば、私のように頻繁にアタリがないと退屈してしまうタイプもいます。私自身は、半島周りで3号ハリスで大型のクチブトを釣っても面白くありません。つまるところ、好き好きだと思います。

ハリスは根ズレに強いフロロカーボン製が定番。長さはメジナの活性に合わせて変えるのがセオリーだが、太さについては個々の釣り人の考え方も強く反映されることが多い

結びは一に安定強度、二に時間

私は、ラインとハリスの結節は2重8の字で結んでいます。この結び方は、ラインとハリスの太さや硬さが違っても安定した強度を保てます。短所はハリスの両末端を切らないと結べないことと、やや時間がかかることです。

時間短縮を図りたいときはストロングノットを使います。しかし、この結びは硬さの違うハリスとラインの結節には本来不向きです。ハリスはフロロカーボンで硬く、ラインはナイロンで柔らかい。そのためストロングノットで締め付けると、硬いフロロが柔らかいナイロンに食い込み、強い瞬間的なショックを与えると結節部から切れてしまいやすい。つまり大ものが掛かったときにラインブレークしやすいのです。またこの結び方は、1回1回強度にバラツキが出やすく安定しません。

●スイベルについて

スイベルは、ヨリモドシとも呼びますが、ヨリを戻す機能は全くありません。使う意味としては、バラツキなく確実にラインとハリスを連結できることで、仕掛けの強度を上げ

2重8の字結び

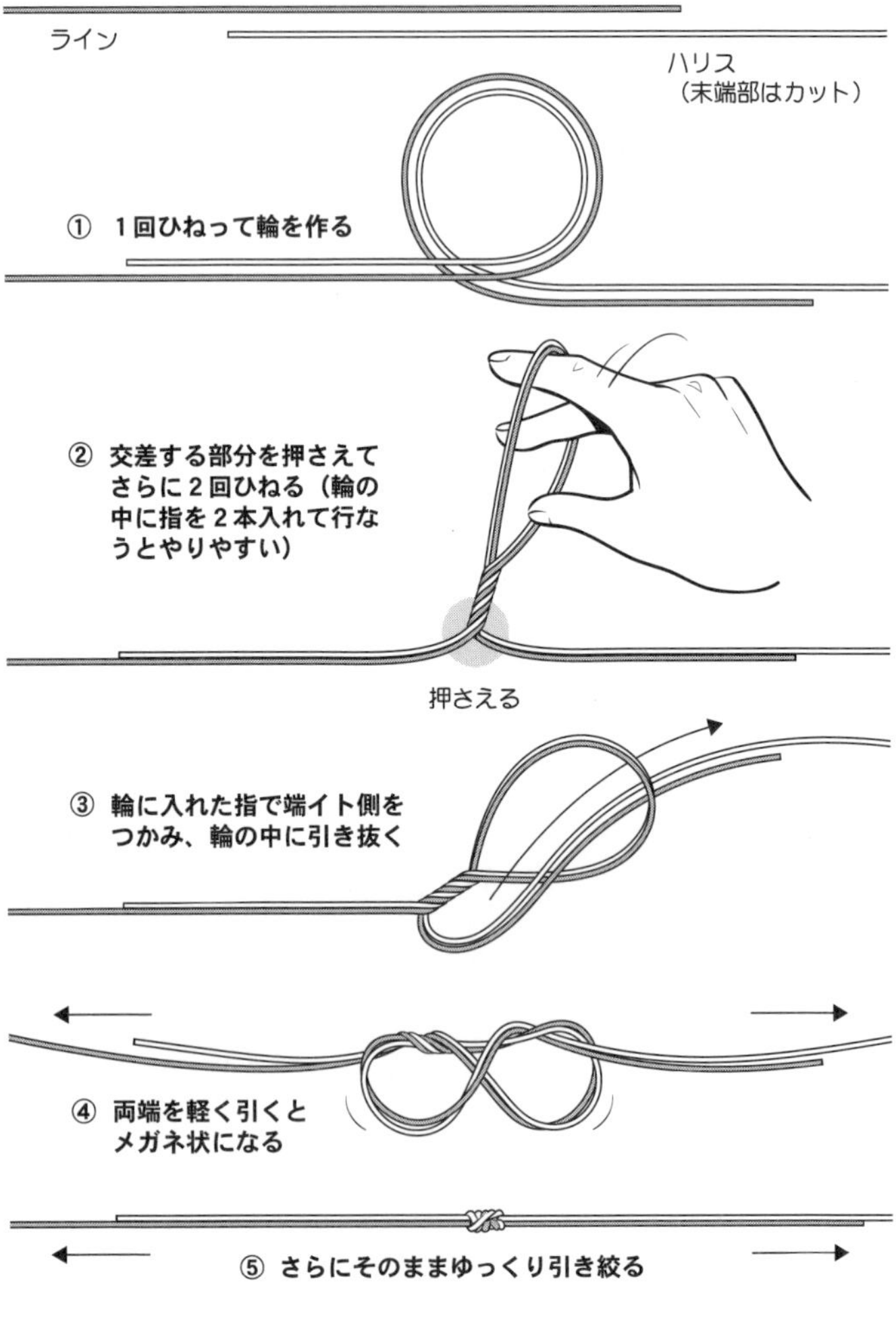
ライン
ハリス
（末端部はカット）
① 1回ひねって輪を作る
② 交差する部分を押さえて
さらに2回ひねる（輪の
中に指を2本入れて行な
うとやりやすい）
押さえる
③ 輪に入れた指で端イト側を
つかみ、輪の中に引き抜く
④ 両端を軽く引くと
メガネ状になる
⑤ さらにそのままゆっくり引き絞る

ストロングノット

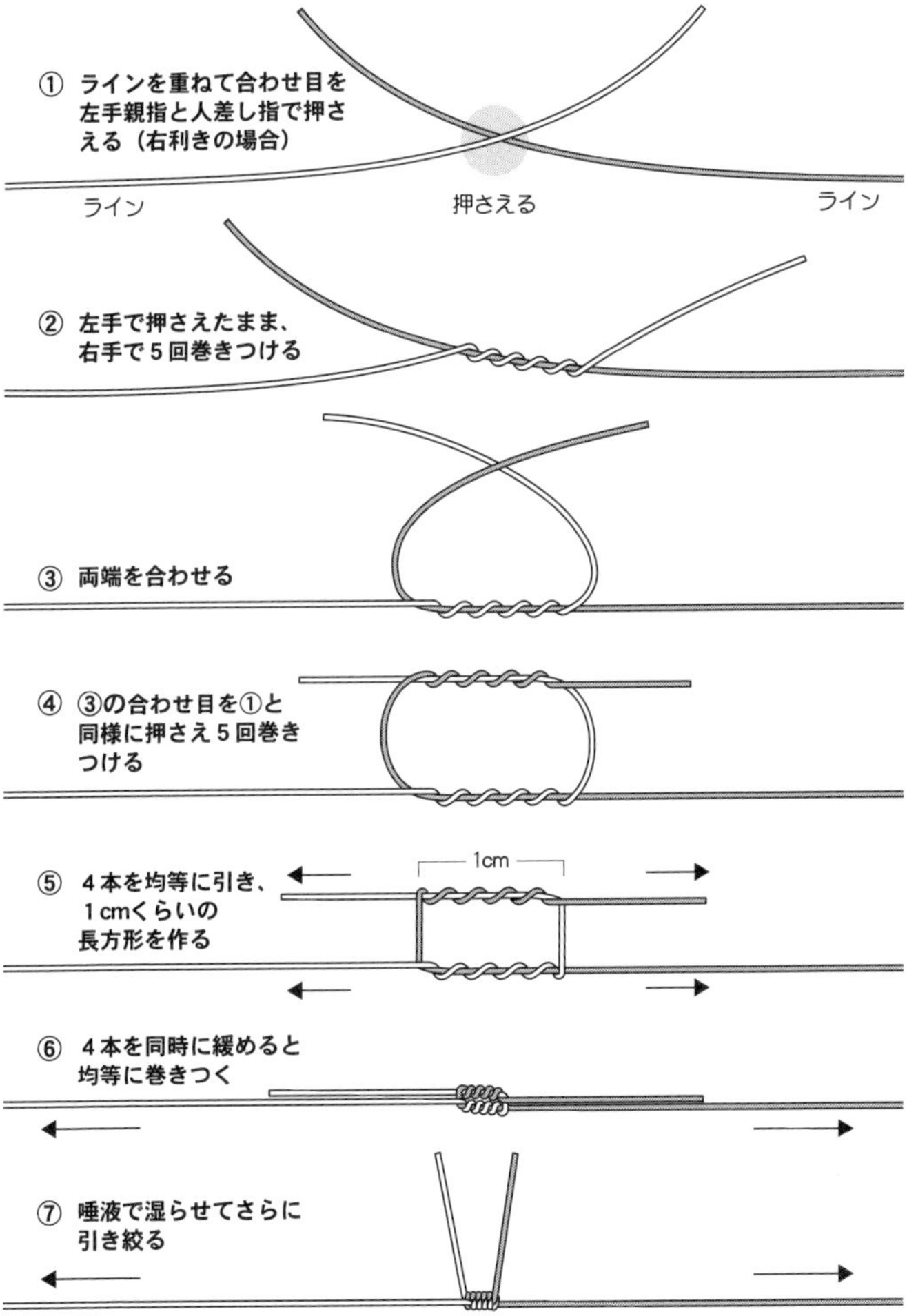
① ラインを重ねて合わせ目を
左手親指と人差し指で押さえる（右利きの場合）
ライン
押さえる
ライン
② 左手で押さえたまま、
右手で５回巻きつける
③ 両端を合わせる
④ ③の合わせ目を①と
同様に押さえ５回巻きつける
⑤ ４本を均等に引き、
１cmくらいの
長方形を作る
1cm
⑥ ４本を同時に緩めると
均等に巻きつく
⑦ 唾液で湿らせてさらに
引き絞る

ラインの太さや硬さが違っても安定した強度を発揮する結びは、ここ一番というときでも信頼性が高い

ることに役立ちます。しかし、私はスイベルをほとんど使いません。スイベルを使うとそれ自体が邪魔になり、ワンタッチでハリスの長さ以下の浅ダナへ変更できません。また、スイベル自体の重さがウキの浮力に影響してしまいます。

とはいえヒラマサやシマアジ釣りならアタリのショックも大きく、強度保持のためにスイベルを使用したほうがよいと思います。

ハリの選択「小は大を兼ねる」

「小は大を兼ねる」私のクチブトメジナのハリの格言です。食いが渋いときには、ハリスも落としますが、ハリも3号まではすぐに落として食い込みをよくします。3号でクチブトに飲み込まれても、そのメジナを釣りあげるうえでは全く問題ありません。また、40cmオーバーでもハリは3号でも充分です。ただし食いがよいときに小バリを使うと、飲み込まれたときのハリ外しと、ハリスの痛みによるハリの結び直しに時間がかかります。

プライベートの釣りでは、飲み込まれるとリリースするメジナを傷つけてしまうので、飲み込まれない大きさを選択します。4号で飲み込まれるなら5号、それでもダメなら6号という具合です。

伊豆半島周りでは、中太軸のがまかつA1・TKOの3~5号、太軸のA1・一発グレの6~8号、および色を変えた中太軸の伊勢尼黒の3~8号を準備します。食い込みの悪い太軸の小バリ、強度の低い細軸の大バリは避けます。

数釣り競技には、カエシがなく手返しの早い細軸の競技ヴィトム・オキアミカラーの4~5号を使用します。カエシ付きはハリ外しに時間がかかり、衣服に掛かったりするとタイムロスが大きくなります。

ただし、離島のオナガは違います。飲み込まれるとハリス切れでバラす確率が高くなるので、小さくても一発グレの7~8号を使い、さらに10号までは準備しておき、飲み込まれるのを防ぎます。また、離島でも地磯周りのクチブトねらいでは6号以下も使います。

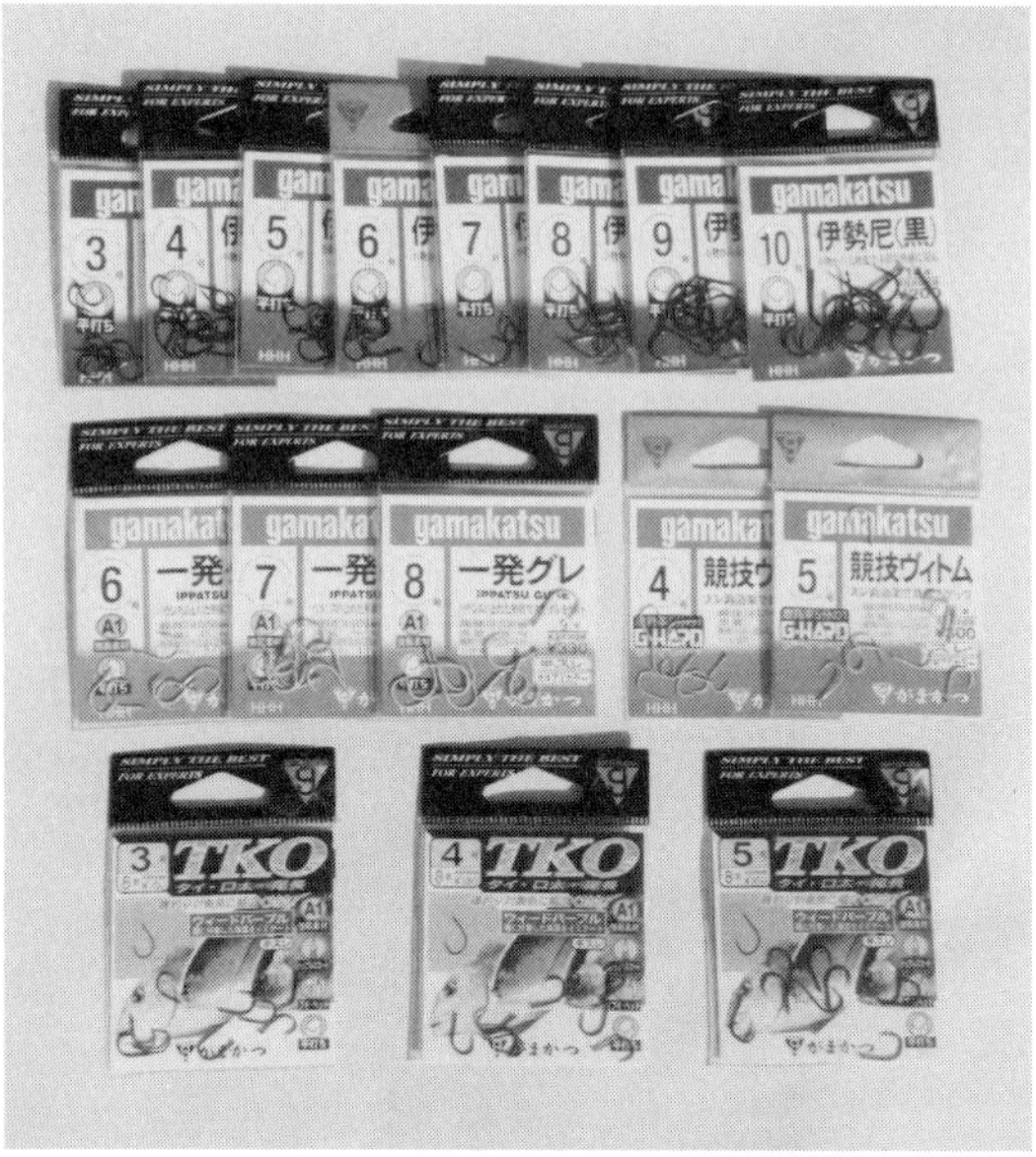

ハリは「小は大を兼ねる」を基本に、状況やシチュエーション、ターゲットを考えて選択する

たかがヒシャク、されどヒシャク

ウキフカセ釣りは、寄せエサ打ちが最も難しく、最も重要な技術です。その道具であるヒシャクには多くの釣り人が一家言を持っています。好みも十人十色です。

私は、遠投力が最も重要だと思っています。だからカップはやや深めの遠投に向いた団子状の形態が好きで、材質はチタン以外は重くて使えません。浅く広いタイプのカップは近距離にバラケて打つには向いていますが、遠投しようとしたときに風圧でぶれてしまい、距離も方向性も悪くなります。また、最近は腕力低下が著しく、Lカップでは重くて振り切れないのでMカップを使用しています。腕力に自信があればLカップがよいでしょう。そして長さは65㎝前後の遠投用。シャフトはやや硬めのカーボン。柔らかめのシャフトは反動を利用できますが、コントロールが難しくなります。

もう一点、大切なのは握りです。握っただけで視認しなくても方向性が分かるヒシャクが必要です。私は市販のヒシャクを使っています。握りが複雑な形態のほうが方向性が分かりやすく感じますが、丸か楕円形の平凡な形を使っています。それでも慣れれば握っただけで方向性が分かります。

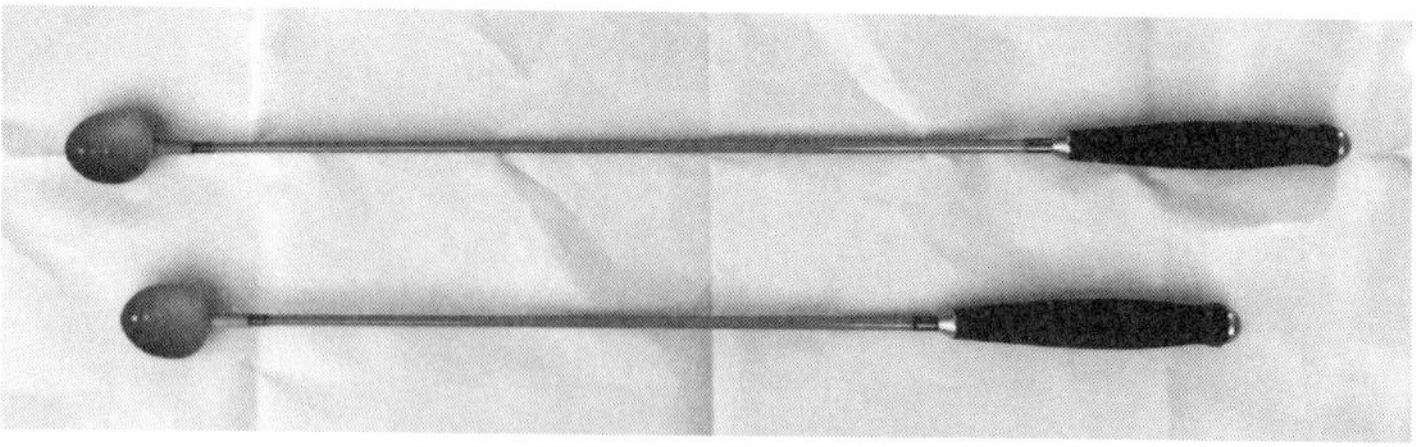

ヒシャクはカップの深さ、柄の素材、そしてグリップの形状などを吟味して汎用性の高い市販品の中から選ぶとよい

複雑な形態のヒシャクは、特定のAさんに合っても、Bさんには全く握りが合わず使えないことがあります。だから市販のヒシャクは、平凡な形がよいのです。

自分にあったヒシャクを選ぶこともステップアップの大切な条件

偏光グラスは、自分に合ったものを

かっては鷹のような鋭い目をしていた私ですが（笑）、今ではすっかり複雑な目の悪くなり方をして、裸眼では遠くも近くもぼやけてしまいます。もっとも、あばたもえくぼに見えるので、そのほうが便利かもしれませんが。

ところが釣りでは全く困っていません。丁寧に測定をして、私の複雑な視力の変化にきっちり合わせた偏光グラスを使っているからです。沈ませ釣りの遠くかすかな水中のウキのオレンジも視認できるし、夕方暗くなってからのガン玉の付け替えにも困りません。

メガネ専門店で自分の目に合わせた偏光グラスは別格です。平成23年まではパリミキのアユ専用グラスを使っていて、これでも全く困りませんが、磯専用メガネももうすぐパリミキからできあがります。

磯釣りに偏光グラスは必需品です。そして、光の乱反射を抑え、水中をクリアに捉え、目を保護するためには、自分に合った偏光グラスこそが必要なのです。

パリミキ・メガネの三城・磯釣り用メガネ。優れた偏光グラスは釣りの技術を高めてくれる、欠かせないツール。この製品のレンズは、グレー系にブルーを入れることで、海の青さに溶け込んだ同系色の魚体を容易に識別できるようになっている。まさに磯釣り専用設計だ
フレーム＝ SP EXTREMES 406 カラー BLKM
レンズ＝ SP EXTREMES FISHING/R S60ISO

参ノ扉

楽しく釣るための人的操作技術

キャスティングの要点とは

参の扉では、競技ではない釣りで、人並み以上に楽しく釣るための人的技術をお話しします。具体的には掛けるまでと取り込みの2つですが、掛けるまでの技術としては、キャスティング、ラインメンディング、コマセワークがあります。いずれも重要ですが、最も習得の難しい技術がコマセワークです。

まず、キャスティングです。多彩な投げ方がありますが、最も簡単で上達しやすく、距離も出せる方法を説明します。エサ付けを終えたら、ウキがサオ先から50〜70㎝の位置に来るようにラインを巻き取ります。1投ごとにウキの位置が違うと全く違う感覚になるので、だいたい一定にします。利き手はリールの位置で、逆手はサオ尻を握ります。力を加えやすく、方向性を上げるために利き手は親指ごと握らず、親指はサオを押さえるように添えます。次に投げる方向に正対して、サオを真後ろ45度で静止。そして利き手の親指に力を入れる感じで、剣道の「面！」の要領で投入方向にサオを振り降ろしラインをリリースします。これで方向性は確保できます。距離は力の入れ加減なので、リリースするタイミングとともに慣れるしかありません。

①風下に振る

以上のことを連続した動作で行なうのですが、サオは右回しか左回しです。そのときに風上側に振ると、ハリスがサオに絡むので必ず風下側から回してください。また、方向性が悪いと感じる方は、サオが真後ろに回らず、斜めの位置から振っていることが原因と思われます。斜めから振り降ろしても、技術があれば正確にキャストはできますが、方向性が悪いと感じる方は振り降ろす方向を疑ってください。真後ろまでサオを回すのは腕に負担がかかるので、知らず知らずに斜めから振り降ろしています。また、連続した動作の中では一瞬で後方に回ったウキの位置がずれるので、リリースするタイミングがわずかにずれても方向が変わってしまいます。リリースのタイミングは、慣れるしかありません。

②サミング「ブレーキを掛ける」

投げ方は人それぞれで、正確に投げられれば何でもかまいません。大事なことは、投げた瞬間にラインメンディングが始まっていることです。横風の中でウキを漫然と着水させれば、ラインは風に吹かれてイトフケが出てしまいます。

ラインメンディングの基本は、ウキとサオ先を最短で結び、余分なラインを出さないことです。まずキャストしたサオ先をフォロースルーのまま水面近くに位置させますが、ウキが着水する直前にサオを握る手の人差し指で軽くサミングをして、ブレーキを掛けながら着水させます。するとラインはきれいな直線となって素早く着水します。強くサミングをすると、ラインが止まってウキが反動で戻ってきてしまうので、あくまでブレーキを掛けるのです。着水したらサオ先を水面に向けたまま横に鋭く振り、リールからラインを50㎝くらい出します。サオを縦に振ってラインを出すと、その瞬間に風の影響を受けます。このライン出しは張りすぎたラインに余裕を持たせるためですが、ウキとサオ先が直線で結ばれサオ先に余裕がある、これがラインの理想状態です。またサミングは同時にウキ近辺の絡みも防止できます。

キャスティングの際に付けエサが飛ぶことがあります。サミングをするとハリはハリスの長さだけ前方か風下に落ち、着水が確認しやすくなります。このとき、付けエサが付いたままなら必ずエサの波紋ができるので、エサ落ちがないことが確認できます。

③投入後は下段の構え

アタリを待つ間のサオの構えは、下段が基本です。ラインが横風の影響を受けないように、サオ先をほんのわずか水面につけます。サオ先を入れすぎるとラインがサオ先に絡みやすく、トラブルの原因となります。もちろん風の影響のないときはサオ先を上げてウキへの操作を行なったり、逆に風を利用することもありますが、基本は下段の構えです。

サミング

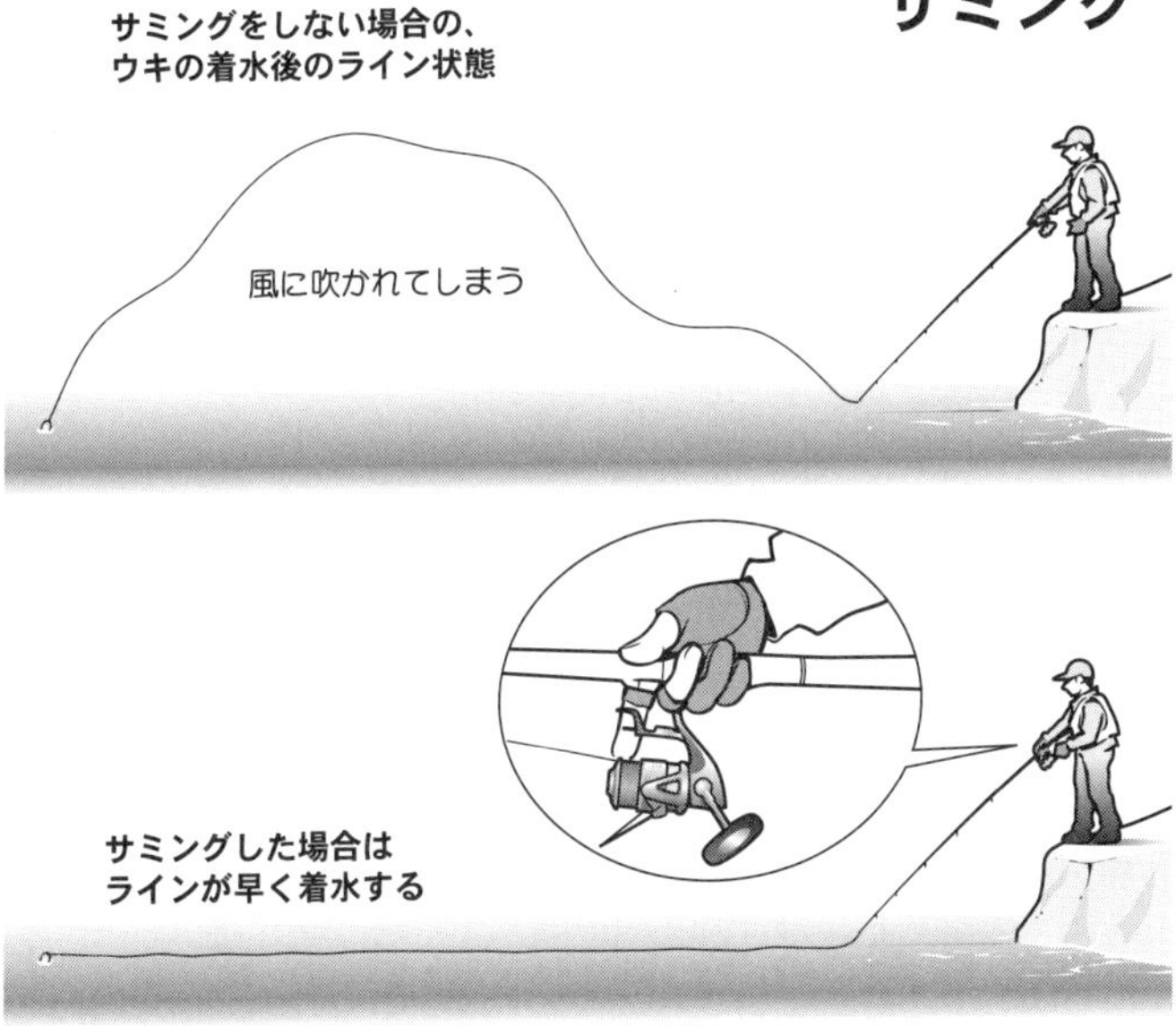
サミングをしない場合の、
ウキの着水後のライン状態
風に吹かれてしまう
サミングした場合は
ラインが早く着水する

下段の構え

下段の構えでアタリを待つ

ラインメンディングは「風を感じ、波を読む」

横風に吹かれたラインを放置すればイトフケは際限なくふくらみ、ウキが引かれてアタリが遠のきます。そこでラインメンディングが必要になります。

風は「呼吸」をしていますが、ウキを注視しながらでも、誰でも風の呼吸を感じ取れます。そして風が弱まる一瞬に、ウキが動かないように、柔らかく素早く水面からラインを離して出すぎたラインを巻き、サオを風上側に回してラインを水面につけます。これがラインメンディングで、イトフケを小さくすると同時に直後に素早くサオ先を横に振り、サオ先だけにラインの緩みを作ります。やがて風に吹かれてラインがフケて緩みがなくなりますが、なくなったらすぐにラインを出してまた緩みを作ります。サオ先側に緩みがあり、ラインがフケるときにサオ先側のラインが伸びることでウキの動きを押さえられます。そして風が緩んだ瞬間にまたラインメンディングを行なうのです。これは頻回に行なうものので、大切な動作です。

さて、このときにウキが大きく動いてしまうようならウキが小さすぎます。大きなウキに替えるか、潮受け用の潜水ウキを使いましょう。ラインメンディングの目的は、ウキが

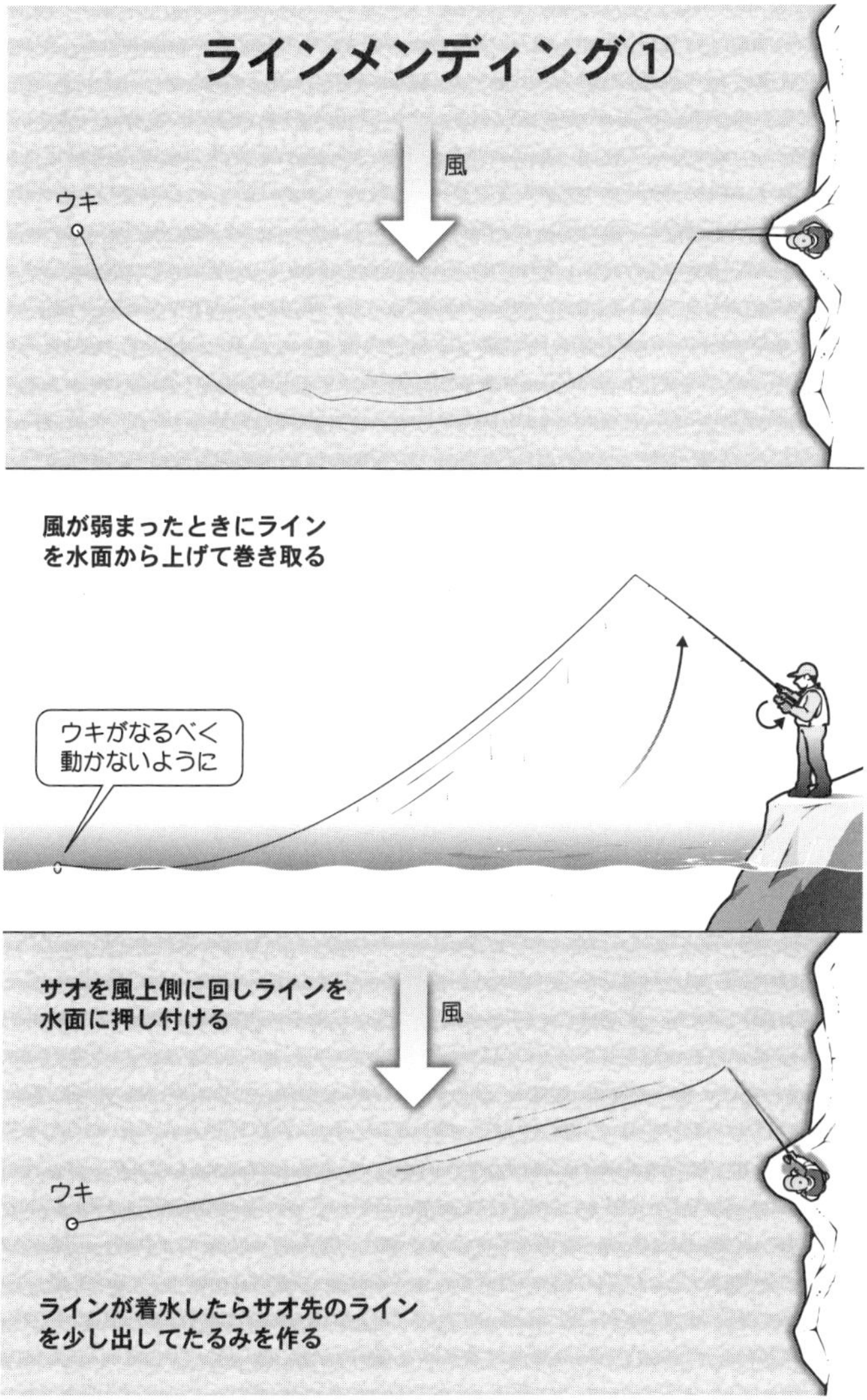
ラインメンディング①
風
ウキ
風が弱まったときにライン
を水面から上げて巻き取る
ウキがなるべく
動かないように
サオを風上側に回しラインを
水面に押し付ける
風
ウキ
ラインが着水したらサオ先のライン
を少し出してたるみを作る

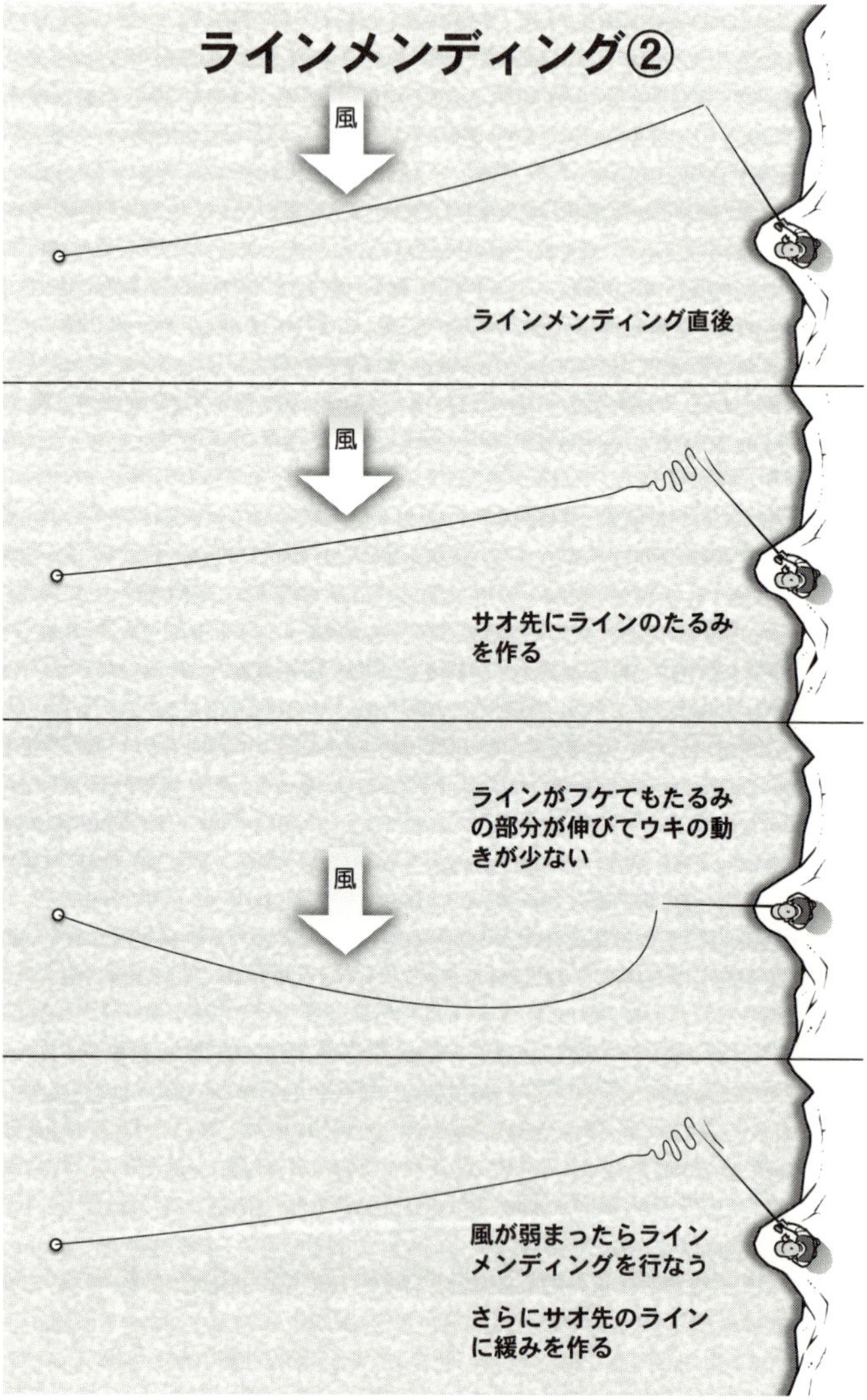
ラインメンディング②
風
ラインメンディング直後
風
サオ先にラインのたるみを作る
ラインがフケてもたるみの部分が伸びてウキの動きが少ない
風
風が弱まったらラインメンディングを行なう
さらにサオ先のラインに緩みを作る

風に動かされず、寄せエサと同調させ、潮筋から外さないことです。ウキの感度よりも、このことが優先されます。いかに感度がよくても、小さすぎるウキで寄せエサから外れてしまってはノーチャンスです。

また、波がラインに大きく影響を与えるときがあります。適度なサラシであれば、サラシにラインを乗せるだけで流れの筋通りにウキを運んでくれることが多く、釣りやすい状況です。しかし大サラシになると、打ち寄せる波にラインが手前に引かれ、ウキを引き戻してしまいます。またウネリ状の横波にラインが大きく引かれることもあります。こんなときは波やウネリが来る瞬間にラインを空中に上げて波を避けますが、この繰り返しでウキとラインはある程度コントロールできます。

漠然とウキを流してはいけません。波を読み、こまめな操作が必要です。

コマセワークの3原則

「風下、潮上、手前」これがコマセワークの基本です。ラインメンディングがいかに上達してもウキは必ず風下に流されます。また、ラインに引かれるため、ウキは潮の速さに遅れます。さらに着水したウキを手前に引くことはできても、遠方へ進ませることは不可能です。この当たり前の3原則で寄せエサを打つ位置を考えます。

タナが50㎝〜2ｍなら、寄せエサは単純にウキと合わせればよいのです。あるいは寄せエサを1〜2ｍ手前に打ち、ウキを引き戻せばウキにもハリにも自在に合わせられます。しかし、タナが深くなると寄せエサがタナに届くまでに時間がかかり、ウキはその間に横風や潮の流れに影響されます。だからウキに打ったのでは寄せエサは同調しません。横風や潮の流れがあるときはタナに届く時間を推測し、必ずウキと離して寄せエサを打たないと合わないのです。深くなれば深くなるほど難しくなります。この項は重要です。

【エピソード】

私はよく初島（静岡）に行きます。堤防の上にずらりと並んで釣るのですが、冬の大も

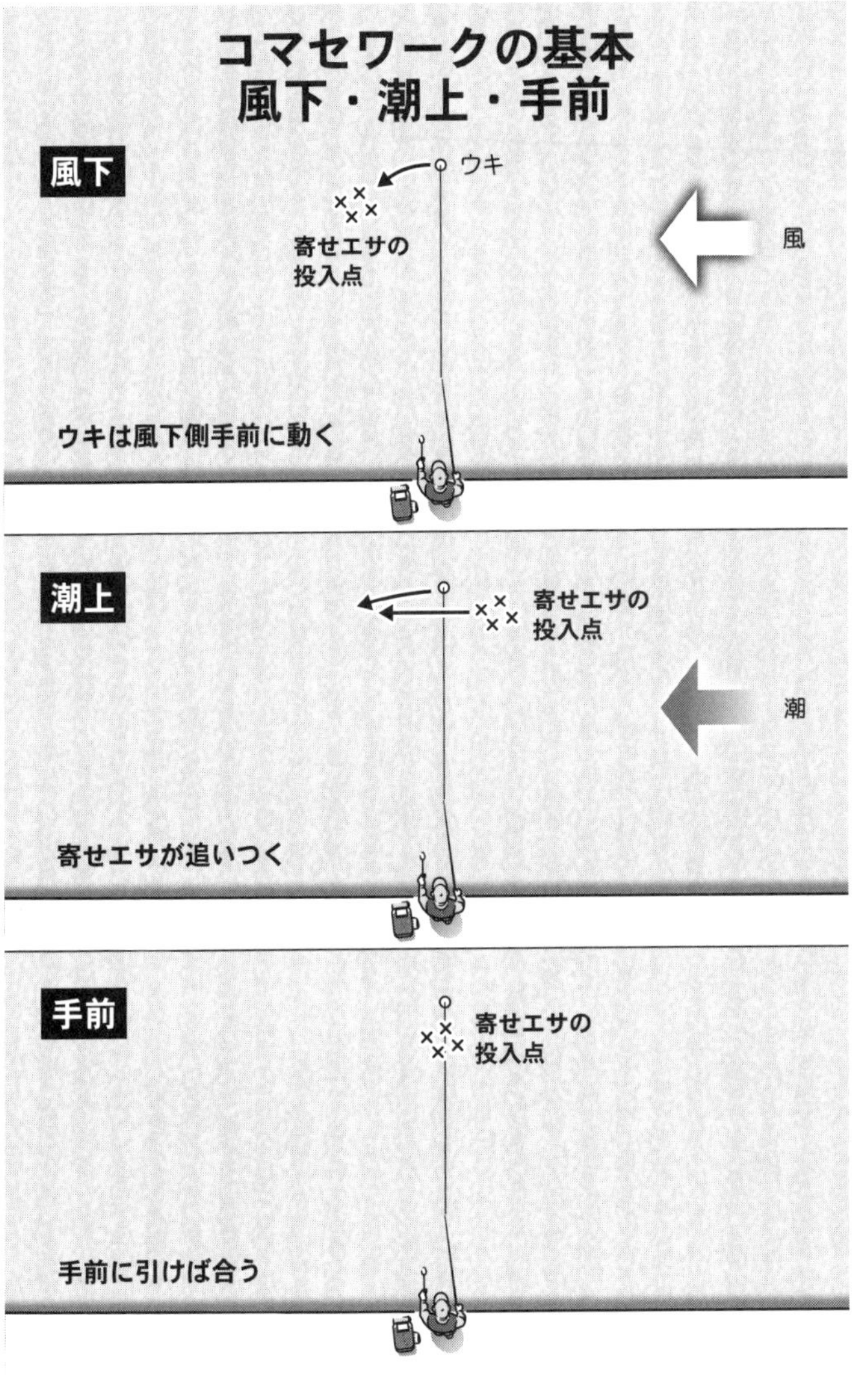
コマセワークの基本
風下・潮上・手前
風下
ウキ
寄せエサの
投入点
風
ウキは風下側手前に動く
潮上
寄せエサの
投入点
潮
寄せエサが追いつく
手前
寄せエサの
投入点
手前に引けば合う

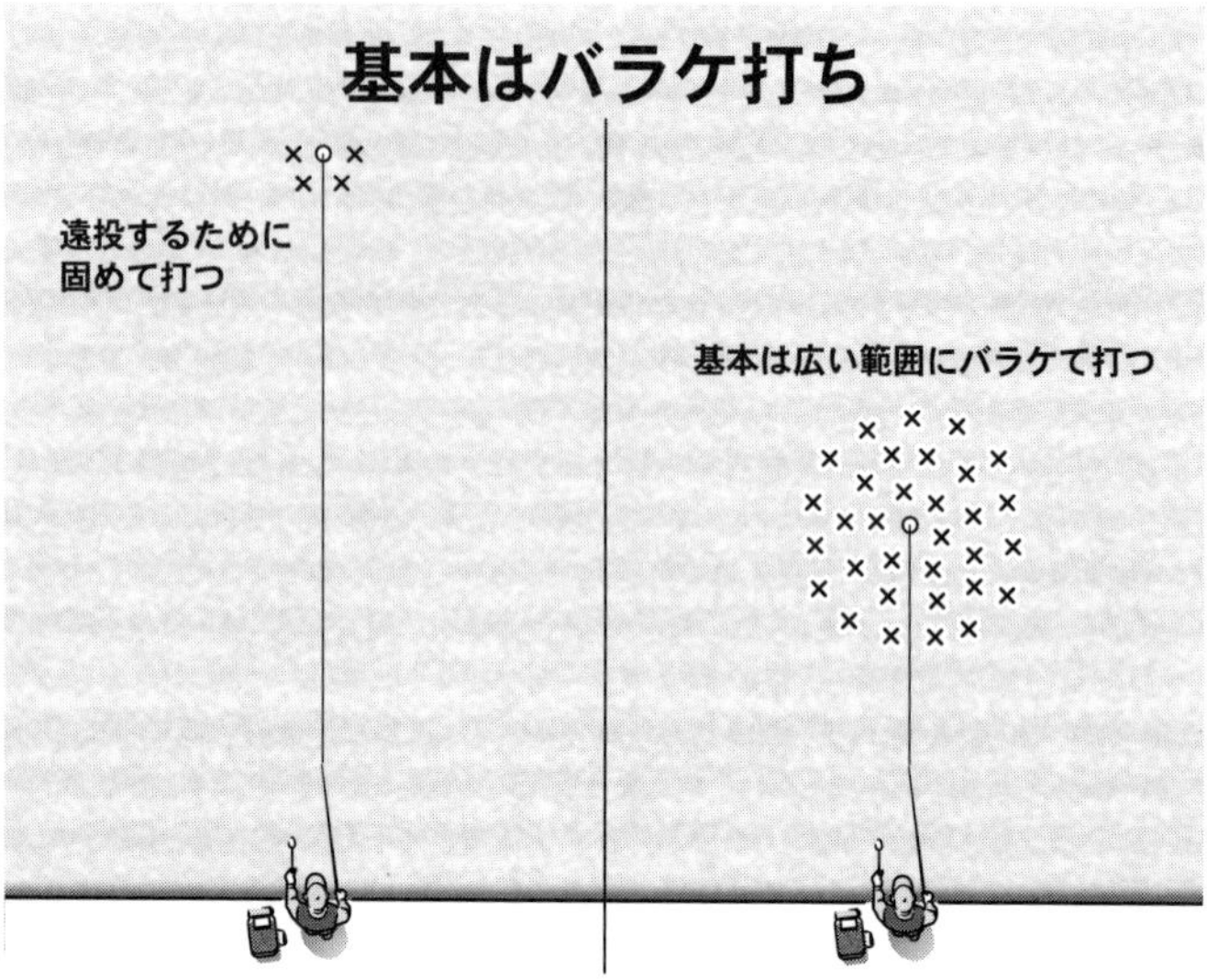
基本はバラケ打ち
遠投するために
固めて打つ
基本は広い範囲にバラケて打つ

ののシーズンには6〜9mの深ダナでヒットすることが多い。そんな状況でもほとんどの人はウキに寄せエサを打つので、横風があるとタナへ届くまでにウキが風に流され、寄せエサと離れてしまいます。堤防が高いので、ウキと寄せエサの位置関係は手に取るように分かります。私は邪魔にならないようにタイミングを見て、お隣の人の寄せエサの位置でタナが合うようなところにウキを投げ込みます。そして自分の寄せエサをその位置に重ね打ちすると、効果はてきめんです。

①基本はバラケ打ち

寄せエサ打ちの基本は、寄せエサと付けエサが合いやすいように、ある程度の

コマセワークは基本動作を大切に。フォームは自分では確かめられないので、友人にチェックしてもらうのもよいだろう

範囲にパラパラとバラケて打つことです。しかしバラケて打ったのでは、せいぜい15mくらいしか距離が出ません。そして近年その距離ではなかなかアタリが出ないこともあります。そこで遠投するために、ヒシャクをバッカンに押し付けて固めて投げるのですが、これは距離を出すためのやむを得ない方法なのです。近場にも固めて打つのは、寄せエサに合いにくくしているようなものです。

②基本フォーム

ここでは私が実践しているオーバースローを説明します。フォームの基本は、まず投げる方向に正対し、わきを締め、ひじを90度の角度に曲げます。ヒシャクのグリップはすべての指で丸ごと握らず、方向性を上げるため親指か人差し指のどちらかをグリップに添わせる。私は遠投性を重視するので、力の入れやすい親指を添わせます。

遠投する場合には、ひじを伸ばさずに、ひじから先だけの瞬間的なスナップで投げ、ヒシャクを振り切らず止めます。すると団子状のままで飛んでいきます。方向性と飛距離は練習あるのみです。わきを開きひじを伸ばして遠投し続けると、必ずひじを痛めるのでご注意ください。

バラケて投げるには、ヒシャクを振り切ればよいので、初めて寄せエサを投げる人の自然な動作と同じで簡単です。ただし遠投用に硬めに調整した寄せエサをバラケて打つ場合には、ヒシャクで軽くすくうように寄せエサを取らないと上手くバラケません。いずれにしても、遠近とも自由に投げられることが必要です。

取り込みは「押さば押せ、引かば押せ」

掛けたメジナを100%取り込める釣り人はいません。バラシは付き物で、バラシたことで弱気になるのが一番いけません、と自分に言い聞かせています(笑)。

最初の引きは、サオの弾力を利用して耐えるだけです。クチブトなら、サオが伸されることはそうそうないでしょう。オナガに伸されそうになっても、弱気になって際限なくラインを出したらまず取れません。細イトであってもイトの強さを信じ、サオの弾力が利く角度を保ち、最低限の瞬間的なライン出しで耐えましょう。運も左右しますがバラすのはこの間です。そして少し

魚を掛けてから取り込みにいたるまでのやり取りは、サオやラインの性能を最大限に生かして、大胆に!

でも引きが緩んだらチャンスです。強引に底を切りましょう。

メジナがこちらを向いたら、あとはひと巻きでも早く巻き取り根から離します。下手にポンピングでやり取りをすると、緩んだ瞬間メジナに二度三度と根に走るチャンスを与えるので、私はサオの角度を45度に保ったままゴリ巻きします。最低限のイト出しで耐え、あとは押さば押せ、引かば押せです。

四ノ扉

釣法とタナ読み

ガン玉使用の「意味」を考える

参の扉では、人的な操作技術について述べました。この扉では、大別すると2つの釣法―固定タナの釣り・タナを固定しない釣法、そしてそのタナ読みについて解説します。ただしその前に、この2つの釣法においても、次の伍の扉のエサ取り対策にしても、ガン玉の使用方法を把握したうえでないと理解が進みません。だから、ガン玉使用の意味を知ることが重要で、唐突ですがガン玉の話から始めます。

ガン玉を使用する目的は3つです。1つは浮力限界の項で話したウキの浮力調整。このガン玉は、ウキ止めゴムの直下に打ちます。2つめはサラシや流れの中でハリスを沈めるためで、これはハリスの中間に打ちます。そして3つめが、エサ取り対策です。1～2は理解されていると思うので、エサ取り対策だけ話します。

エサ取りが多いときは、エサ取りを突破し、付けエサをメジナのタナに沈ませなくてはならないので、ハリスにガン玉を打ちます。打ち方はエサ取り次第です。エサ取りがひどいときは段打ちにして、下段のガン玉はハリから20～30cmに打ち、付けエサを素早く沈め

ガン玉とエサ取り

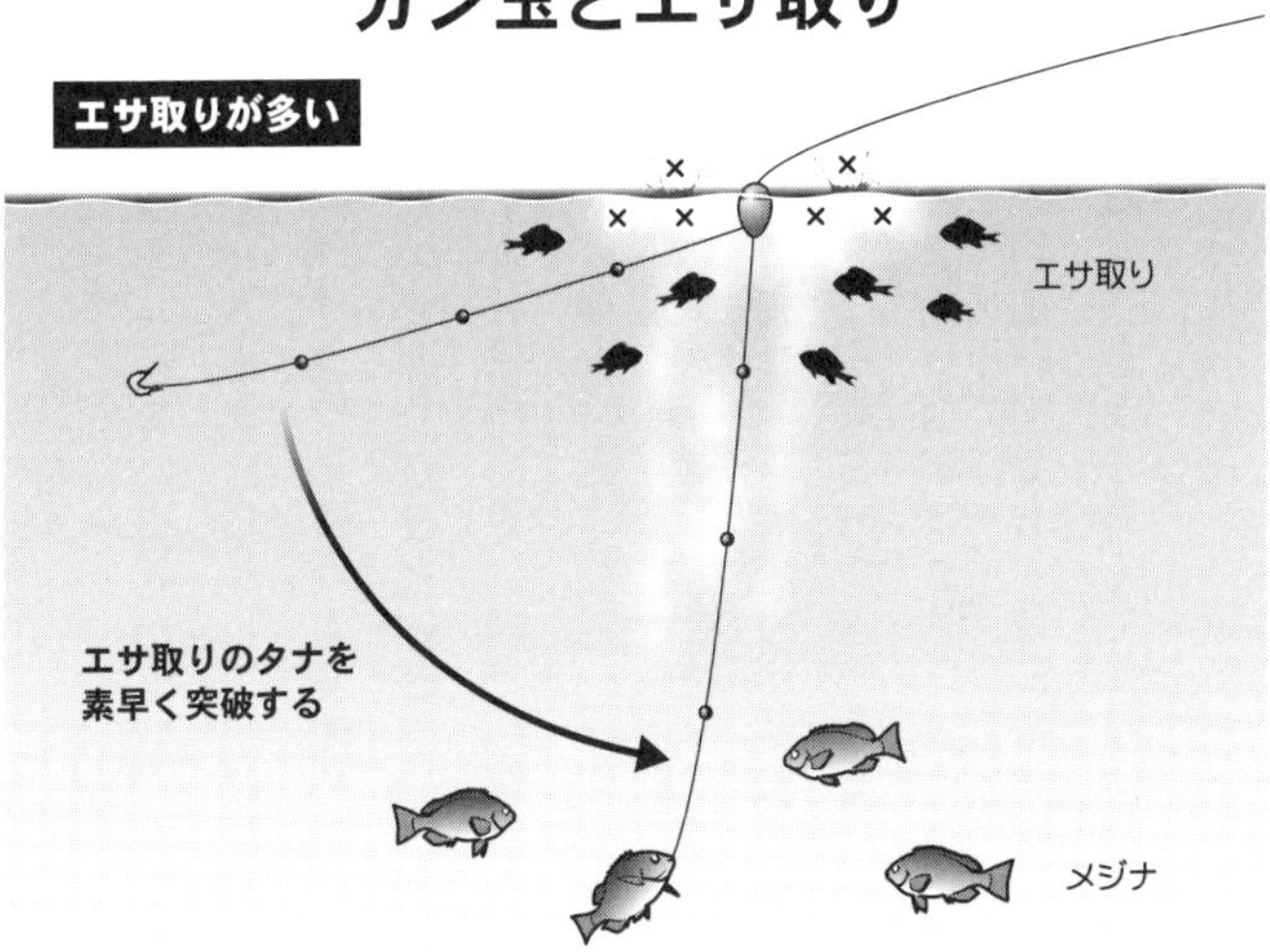
エサ取りが多い
エサ取り
エサ取りのタナを
素早く突破する
メジナ

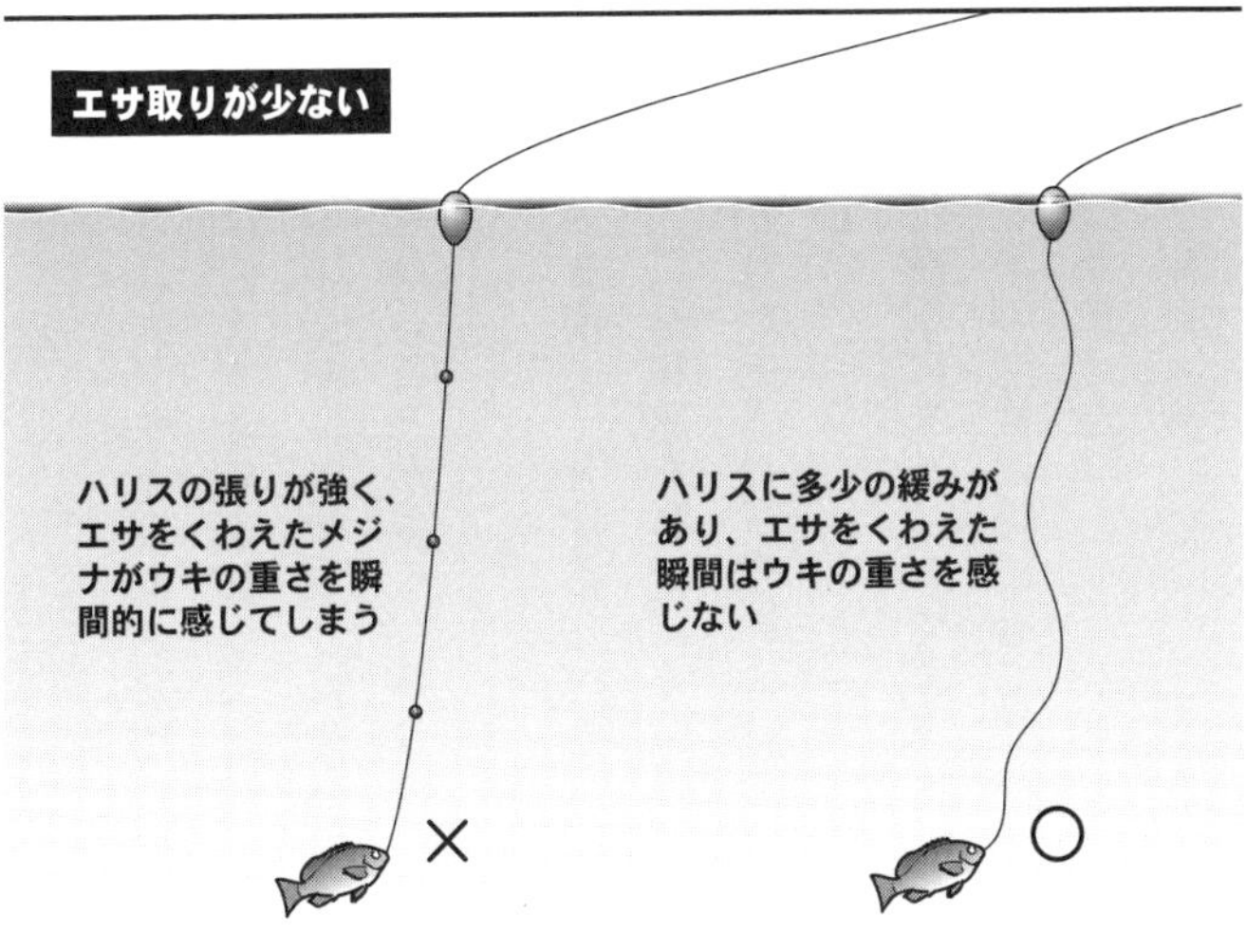
エサ取りが少ない
ハリスの張りが強く、
エサをくわえたメジ
ナがウキの重さを瞬
間的に感じてしまう
ハリスに多少の緩みが
あり、エサをくわえた
瞬間はウキの重さを感
じない

ます。やや早く沈めたいときは中間に1つ打つなど、打つ位置と重さはあくまでもエサ取り次第です。

ガン玉を打つとハリスに張りが出て、エサをくわえたメジナがウキの重さを感じやすく、食い込みが悪くなります。しかしエサ取りが多いときには、まず優先されることはエサ取りの突破です。フワフワとゆっくり沈めたのでは、タナに届く前にエサ取りにやられてしまいます。またエサ取りがひどいときにはメジナの活性も高いことが多く、多少ウキの重さを感じてもアタリは出やすいので問題はありません。

逆にエサ取りが少ないときには、ノーシンカーでハリスをゆっくり沈めるべきです。フワフワしたハリスの緩みが、エサをくわえた瞬間のメジナに違和感を与えにくいので、食い込みがよくなります。エサ取りが少なくメジナの活性が低いときは、このエサをくわえた瞬間の違和感をなくすことが食い込ませるために重要です。

また、ハリスに打ったガン玉は、強くかみ付けなければ簡単にスライドできます。これから話す2つの釣法の中でも、常にエサ取りの多さとメジナの活性に合わせて、ハリに近づけるのか、離すべきかを考えてスライドさせなければなりません。

沈ませ釣り

沈ませ釣りの基本は、そのときのメジナの活性を考えて、最大限浮き上がるだろうと予測するタナからハリとハリスを先行させて落とすことです。ガン玉が先行してハリスがV字になり、浮き上がっている状態では決してアタリは出ません。

活性が高くエサ取りの多い秋磯なら、負荷0表示（浮力限界はガン玉5～6号）のウキで、タナ1mから段シズ仕掛けで沈めることもあります。エサ取りが多いので、エサが残っている間にある程度のタナまで探れるように、やや早めのスピードで沈めてもよいでしょう。

エサ取りがなく活性の低い状況では、Bや2B負荷のウキで6～9mのタナまで素早く落とし、そこからオキアミの沈む速度の半分程度のゆっくりしたスピードで沈めていきます。15、16年前には沈ませ釣りがほとんど知られてなく、10m以上の深ダナをねらう人も少ない当時はこの釣りで爆釣でした。深ダナで警戒心がなくエサを拾っていたメジナは、ハリスが付いているハリにも一発で食いつき、最強でした。

①利点と欠点

ところが誰もが沈ませ釣りをするようになると、深ダナのメジナも安全地帯ではないことを悟り、ハリスの付いたハリを避けるようになりました。沈ませ釣りの利点は、はっきりとしたタナを読めなくても、アバウトな読みで必ずタナに合う瞬間を持てることです。ただしタナに合っている時間は短いので、メジナが警戒心を増してすぐに付けエサに飛びつかない状況だと、付けエサはタナを突き抜けてしまい釣れません。だから以前ほど沈ませ釣りが有効ではなくなったのです。

また、沈ませ釣りは深ダナで食わせることが多く、サオ先にアタリが出るまでに時間がかかります。その間に根に持ち込まれることが多く、バラシの確率が高くなってしまう。さらにウキを深ダナまで沈めて引き戻すので、ウキの動きそのものが場を荒らす可能性があります。ワンストロークにも時間がかかり非効率です。沈ませ釣りは、このような利点と欠点を理解したうえで、固定ダナと比較しながら使用すべきと思います。

②ゆっくりとした沈ませとは

「ゆっくりとした沈ませ」と言葉で表わしても、理解しにくいと思います。百聞は一見にしかずですが、言葉で表現すればこうなります。

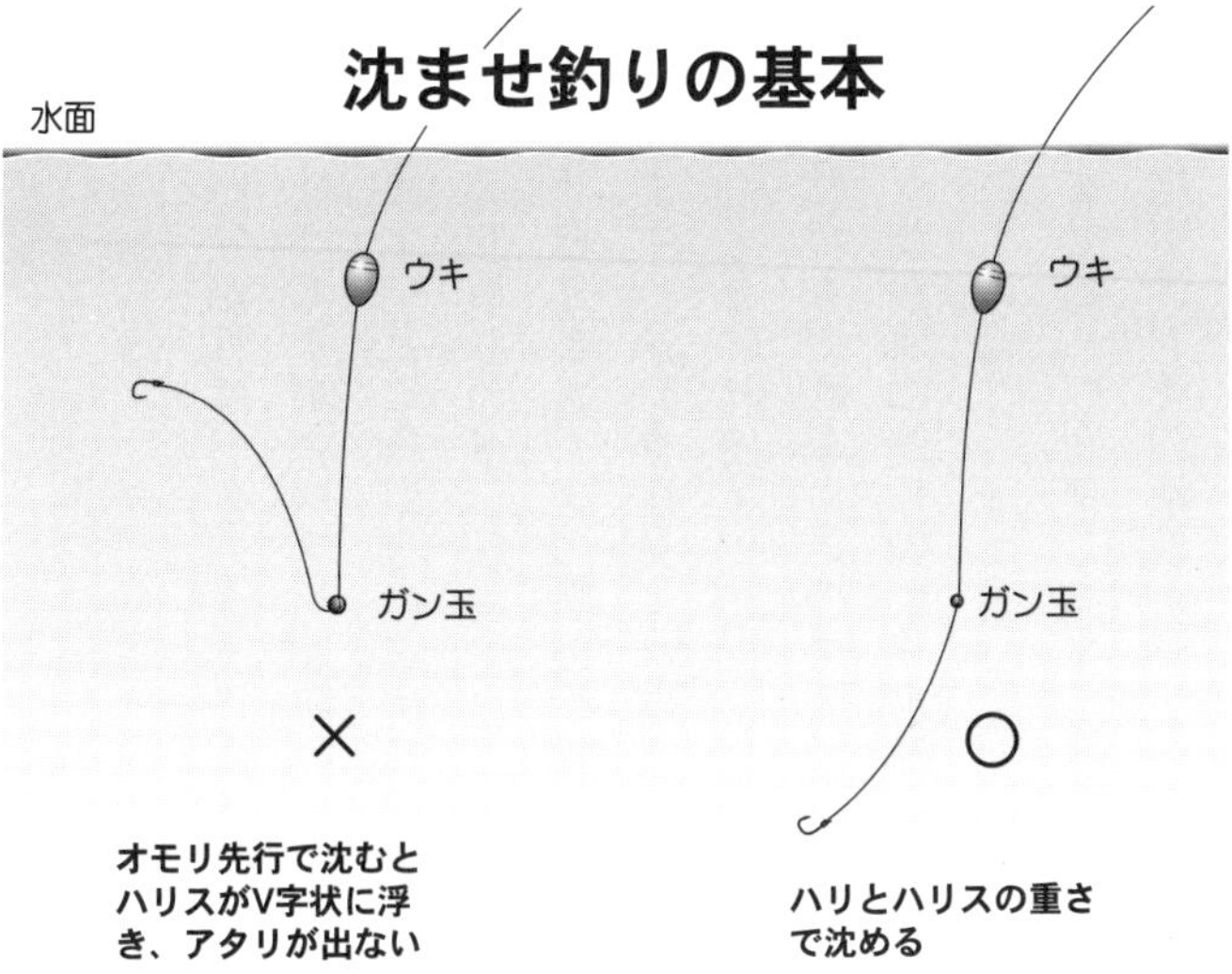
沈ませ釣りの基本
水面
ウキ
ウキ
ガン玉
ガン玉
×
○
オモリ先行で沈むと
ハリスがV字状に浮
き、アタリが出ない
ハリとハリスの重さ
で沈める

まず、仕掛けを投入してB～3Bの浮力調整オモリがタナに届くと、ウキがシブシブになります。この瞬間ははっきりわかります。ここからさらに沈み始めると、オモリ先行となってしまうのでガン玉が重すぎます。そのまま10秒ほど待つとハリスが立ち、ハリスがウキを引き込むような調整が必要です。ハリとハリスの重さでイヤイヤ沈んでいく調整のウキは、水面越しにユラユラと揺らぎながら沈むように見えます。これが基本ですが、ここからエサ取りの多さに合わせて、沈む速さやガン玉の位置を考えます。

タナを探る

タナが分かれば、そのタナに固定した釣りが最強です。食い渋ったメジナでも、タナに合った付けエサがフラフラと漂い、いろいろな角度から近づくうちに、我慢しきれずに食いつきます。ところがそのタナを見極めるのが難しいのです。

私はエサ取りの多い秋磯では、1・5～2mの段シズの固定ダナで釣り始めます。はじめにエサ取りとメジナの状態を見て、1～2投でタナの調整とハリス内のガン玉の位置を調整します。メジナが見えればタナに合わせて浅くし、見えなければ3mにします。それでも当たらなければ4・5mにしますが、秋磯ならだいたいこの間にメジナの反応が出ます。それでもだめならこのタナから沈ませも行ないます。

12月もなかばに差し掛かり水温が18℃を切ってくると、さらに深ダナをねらう必要があります。この頃は3～4・5mの固定ダナから始めますが、5～6投で反応がなければ、すぐに沈ませ釣りへ変更します。沈め方とガン玉の打ち方はエサ取り次第ですが、沈ませ釣りの反応でメジナの活性とタナを推理していきます。反応のよいタナが分かればそこで固定ダナにし、分からなくなればまた沈ませ釣りへと変更してタナを探るようにします。

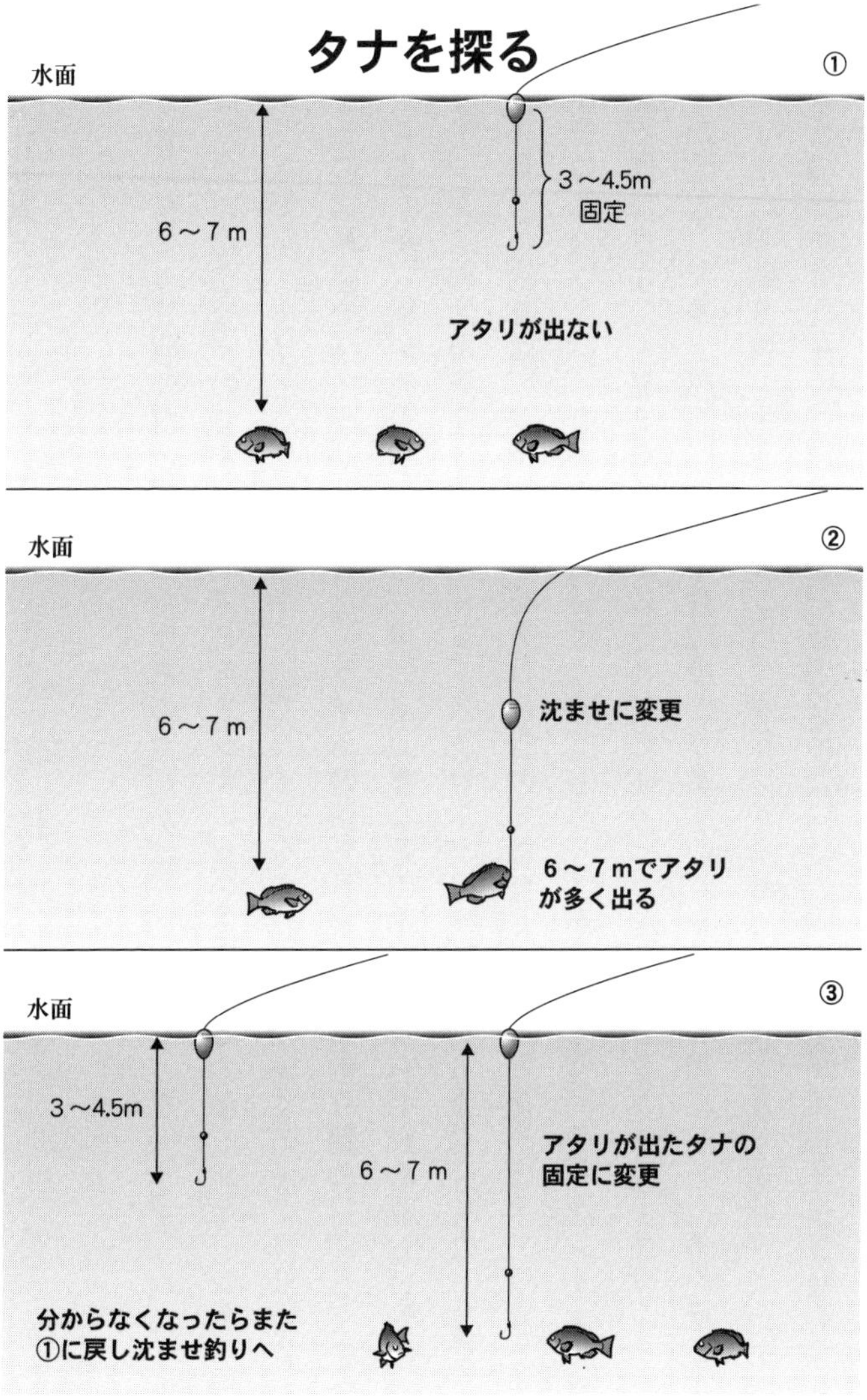
タナを探る
①
水面
6～7ｍ
3～4.5m
固定
アタリが出ない
②
水面
6～7ｍ
沈ませに変更
6～7ｍでアタリ
が多く出る
③
水面
3～4.5m
6～7ｍ
アタリが出たタナの
固定に変更
分からなくなったらまた
①に戻し沈ませ釣りへ

スルスル釣り

沈ませ釣りでエサ取りだと判断したうちの何割かは、メジナだと思います。ただ、ウキの抵抗で食い込まないのです。そのスレたメジナに食い込ませるのが、ノーシンカーのスルスル釣りです。ハリとハリスの重さだけでラインを入れ込んでいくので、エサをくわえたメジナに違和感を与えません。また、ラインの落ち具合はアユ釣り用の目印などを結べば分かりますが、風や波や潮の流れ、投げる距離などの影響で左右される難しい釣法でもあります。実際の使用条件は限られ、ワンストロークは沈ませ釣りより長くなります。

私のスルスル釣りは、ラインだけを入れ込むのではなくウキごと沈めます。海水での浮力限界を持ったウキは、ウキ止メを付けなくてもハリスが立つとゆっくり沈みます。ウキが見える間はウキで、見えなくなればラインの走りやサオ先でアタリを取ります。

ウキが沈むので多少風波への汎用性は広がりますが、やはり使用に適した条件は限られます。またこの釣りは、大きなウキではウキ止メがなくても抵抗となり意味がないので、SかSSのウキで行ない、浮力調整が必要な場合には、両面テープで板オモリをわずかに貼り付けて調整します。

伍ノ扉

釣れない「定番の言い訳」を卒業する

言い訳その1「エサ取りがひどかった」

この扉では、釣れない定番の言い訳とその打開策についてお話しします。まず、エサ取りについてお話ししましょう。

●エサ取りの種類と特性

①ネンブツダイ、スズメダイ

ネンブツダイ（アカジャコ）、スズメダイは最も定番のエサ取りでありますが、これらは足も遅くかわしやすい。セオリーどおり寄せエサを足元に数発撃って足止めし、20～30m遠投してピンポイントでねらえばよいのです。そのときの注意点は2つ。まず足止め用の寄せエサは、サラシなど沖に出ていく潮に乗せないこと。潮に乗せるとエサ取りが列になって沖へ続いてしまいます。次に、沖へ投げる寄せエサは必ずピンポイントだけに落ちるように打ち、足元から連続させないこと。寄せエサがポイントまでの間にポタポタと点在するだけでも、それにつられてエサ取りが沖へ出てしまいます。

②キタマクラ、クサフグ

同じフグでも、性質は全く違います。キタマクラは足が遅く、サラシの末端などの沖で待つ性質が強い。クサフグは比較的足が速く、寄せエサをどこまでも追いかけます。ただしクサフグはアカジャコなどと同じ打ち分けでかわしやすく、また数も少なく気まぐれなので、5～6尾釣ると突然いなくなることもあります。

厄介なのがキタマクラで、足元にアカジャコ、沖に投げるとキタマクラの行列という状況が生まれます。こんなときには、足元に数発寄せエサを打ったうえで、あとで述べるランダム釣法を行ないます。

③アジ、アイゴ、小メジナ、タカベ、小サバ

この中で、小サバは5月初旬のエサ取りですが、魚種自体の減少と思いますが、以前のように毎年現われて困らせられることが少なくなりました。代わって近年の水温の上昇とともにアイゴの繁殖が著しく、小アイゴが秋磯の水面を埋め尽くすこともあります。そしてこの5種のエサ取りは足が速く、どこまでも寄せエサを追ってくるので非常に厄介です。

これらに通用するのは打ち分けと遠投のランダム釣法の併用くらいでしょうが、同じ方向には1～2回しか利かず、あまり連続すると沖一面がエサ取りになってしまいます。ときには場所を休ませ、他の釣り人の前にエサ取りが立ち去るのを待ったりします。

【エピソード】

ずいぶん昔の5月、神津島でのことです。小サバの大群に遭遇し、すべて小サバが掛かってしまいます。頭にきて、釣れた小サバをぶつ切りにしてハリに付けたら、メジナが掛かりました。今なら大きめの団子エサでしょうね。

エサ取り対策は、グレ釣りでは避けて通れない要素のひとつだ

エサ取りとひと口にいっても、種類が違えば性質も異なる。アイゴは足が速く、やっかいな魚種だ

エサ取り対策の釣法

①ランダム釣法

打ち分け釣法はネンブツダイ、スズメダイの項で説明しましたが、このランダム釣法も打ち分けの一種です。通常の打ち分けよりも遠投し、方向をランダムに行ないます。打ち分け釣法もランダム釣法も、完全にエサ取りを分離できるわけではありません。エサ取りを少なくして、メジナの食うチャンスを広げているのです。

ランダム釣法は180度の広い水面が使える場所で有効です。足元にエサ取り用の寄せエサを数発撃ち、20〜30ｍの遠投でウキを投入し、段シズ仕掛けですぐに仕掛けを立たせます。そのウキにピンポイントで1発の寄せエサを合わせます。タナは状況に合わせて1〜3ｍ。左右正面、ランダムに1回ずつエサ取りがいない方向に投入します。「エサ取りがひどいときは、エサ取りのいない場所を捜す」のです。

②潮上釣法―1

横に流れる速い潮の流れを利用します。海中がよく観察できる正面10ｍ以内の近距離に寄せエサを打ちます。寄せエサを打つと、群れていたエサ取りは寄せエサにつられて潮下

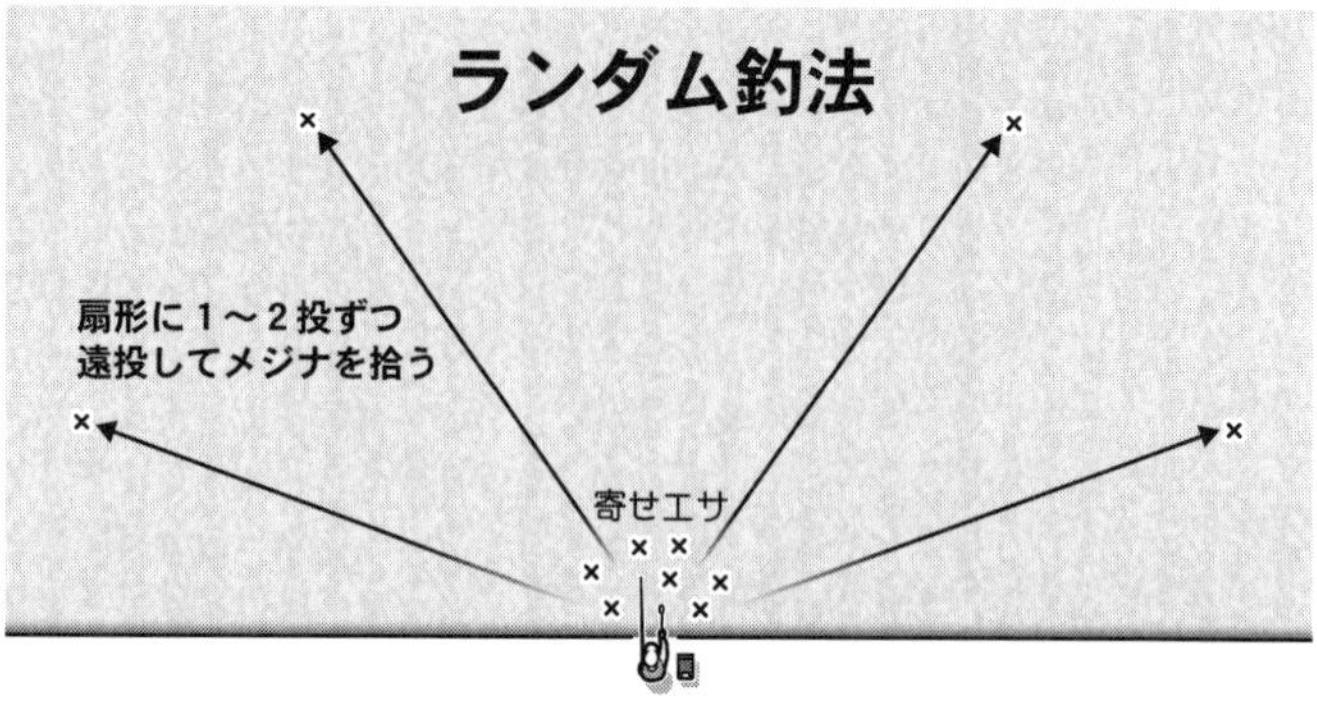
ランダム釣法
扇形に1～2投ずつ
遠投してメジナを拾う
寄せエサ

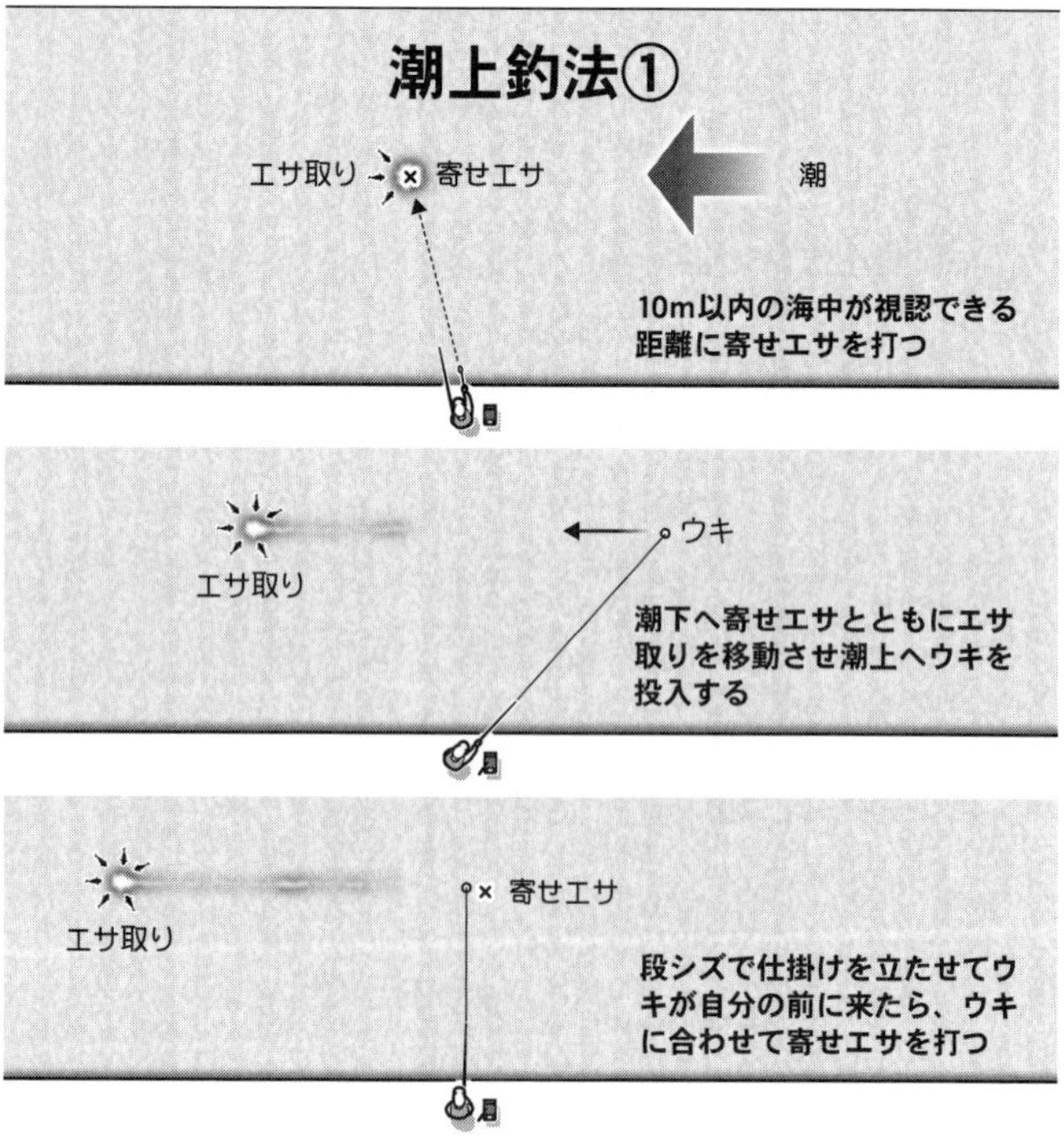
潮上釣法①
エサ取り
寄せエサ
潮
10m以内の海中が視認できる
距離に寄せエサを打つ
ウキ
エサ取り
潮下へ寄せエサとともにエサ
取りを移動させ潮上へウキを
投入する
エサ取り
寄せエサ
段シズで仕掛けを立たせてウ
キが自分の前に来たら、ウキ
に合わせて寄せエサを打つ

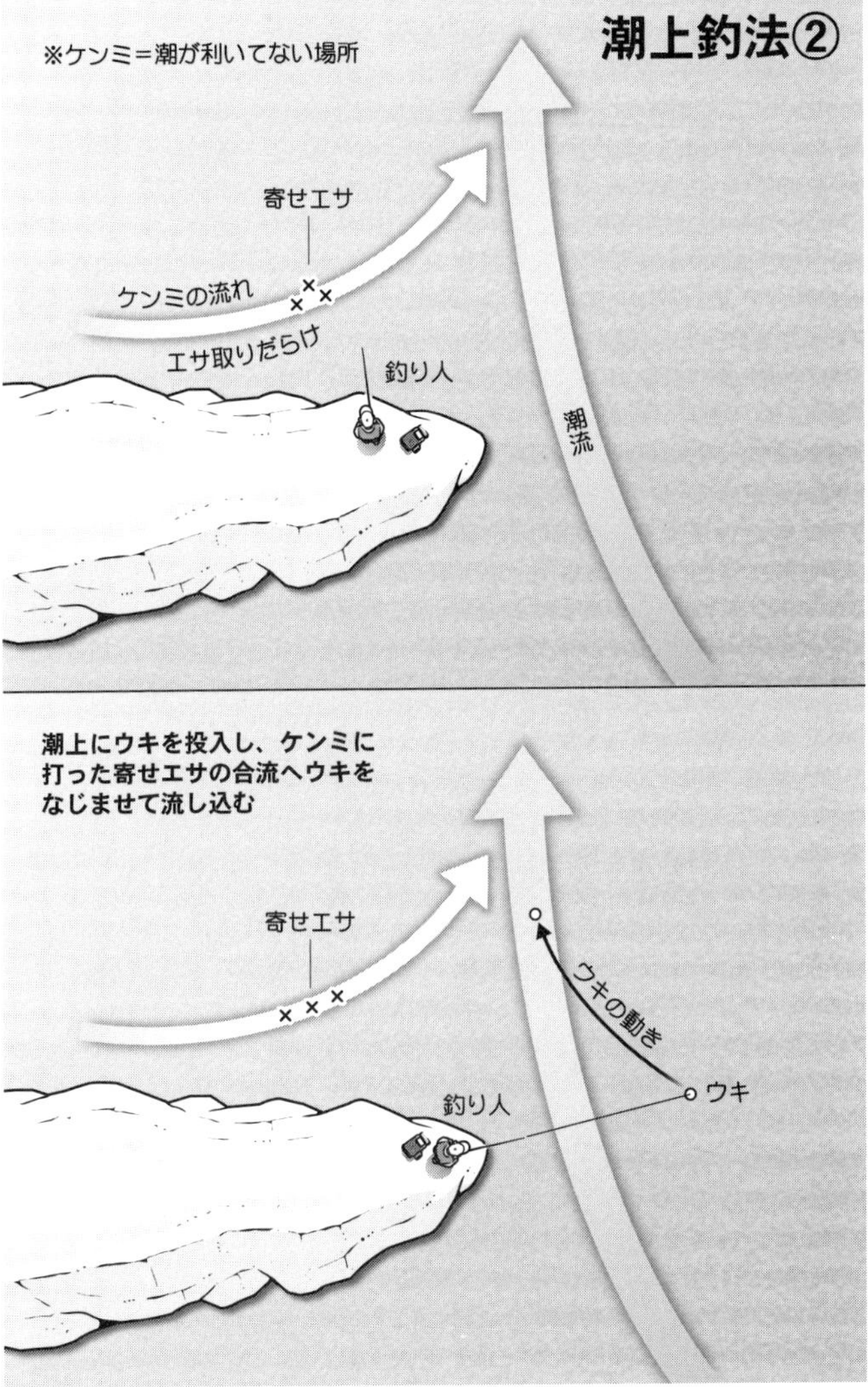
潮上釣法②
※ケンミ＝潮が利いてない場所
寄せエサ
ケンミの流れ
エサ取りだらけ
釣り人
潮流
潮上にウキを投入し、ケンミに
打った寄せエサの合流へウキを
なじませて流し込む
寄せエサ
ウキの動き
ウキ
釣り人

に移動していきます。2～3回繰り返し潮下にエサ取りを動かしたら、再度正面に寄せエサを打つと同時に、同じ筋の潮上5mくらいに仕掛けを投入します。段シズ仕掛けで，正面にウキが流れてくるまでに仕掛けを立たせ、正面の位置に来たら、またウキに寄せエサを打ちます。エサ取りの下に見えるメジナを拾うのです。

③潮上釣法―2

本流がごうごうと先端を流れ、潮裏にケンミ（潮が利いていない場所）が出来ているときには、まずはケンミを釣ります。ケンミの中で釣れれば本流を流すより効率的です。ところが、ケンミの中がエサ取りの大軍団という状況は珍しくありません。こんなときはまずケンミに多めの寄せエサを打ち、寄せエサがケンミの中の反転流に乗って本流と合わさる位置を確認します。そして、その合流点へきたときに仕掛けが立っている距離を読み、本流潮上にウキを投入するのです。何回か流す間に、合流後すぐに付けエサがなくなってしまうか残っているかが分かるので、残るようならそのまま本流に乗せて流し続ける「本流釣り」に移行できます。

④引き寄せ釣法

これはエサ取りを避けるというより、エサ取りの下に見えるメジナを釣る釣法。水面広くエサ取りが占拠しているような状態では通用しません。サオ先1本程度の距離に寄せエ

引き寄せ釣法

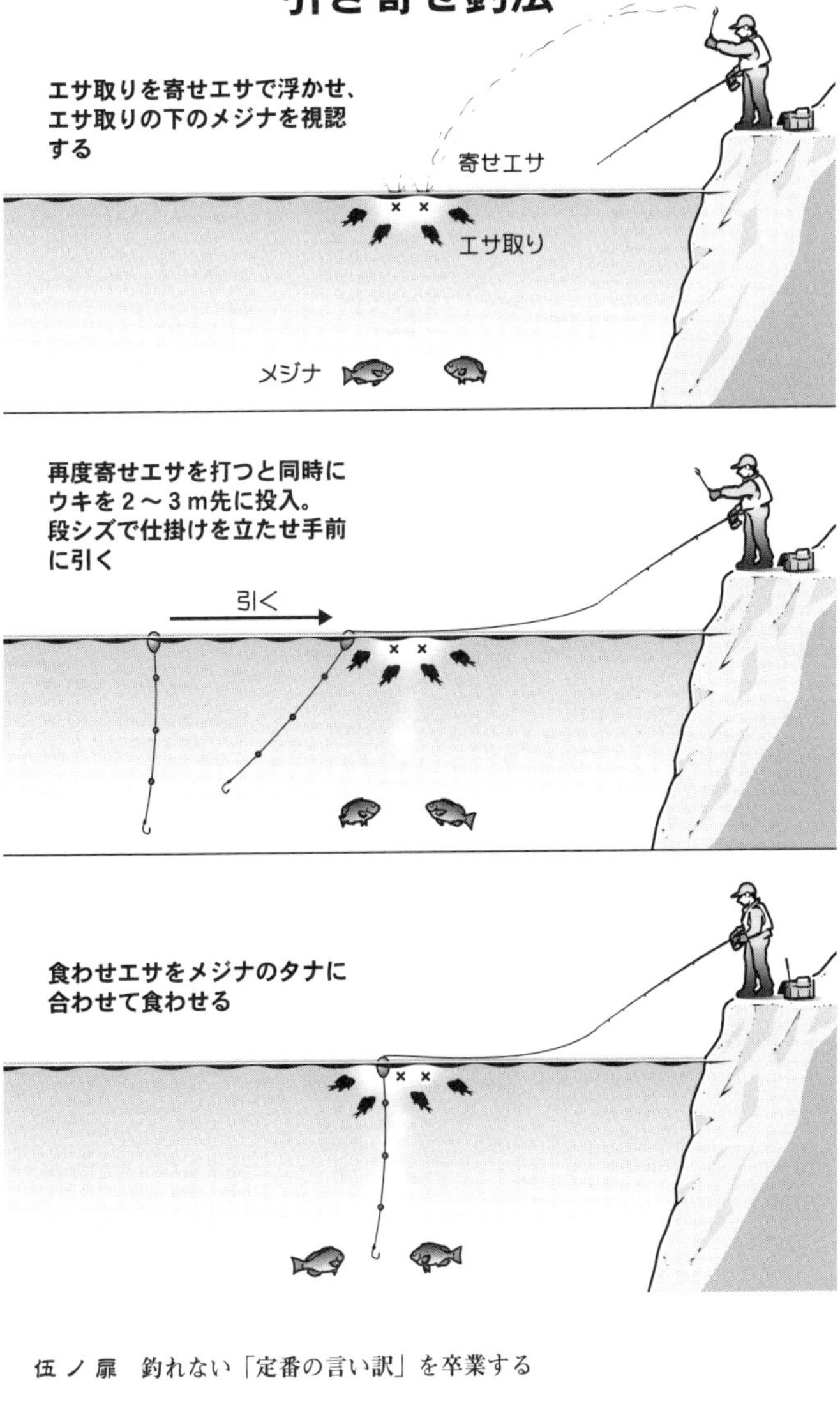
エサ取りを寄せエサで浮かせ、エサ取りの下のメジナを視認する
寄せエサ
エサ取り
メジナ
再度寄せエサを打つと同時にウキを２～３ｍ先に投入。段シズで仕掛けを立たせ手前に引く
引く
食わせエサをメジナのタナに合わせて食わせる

サラシ釣法①

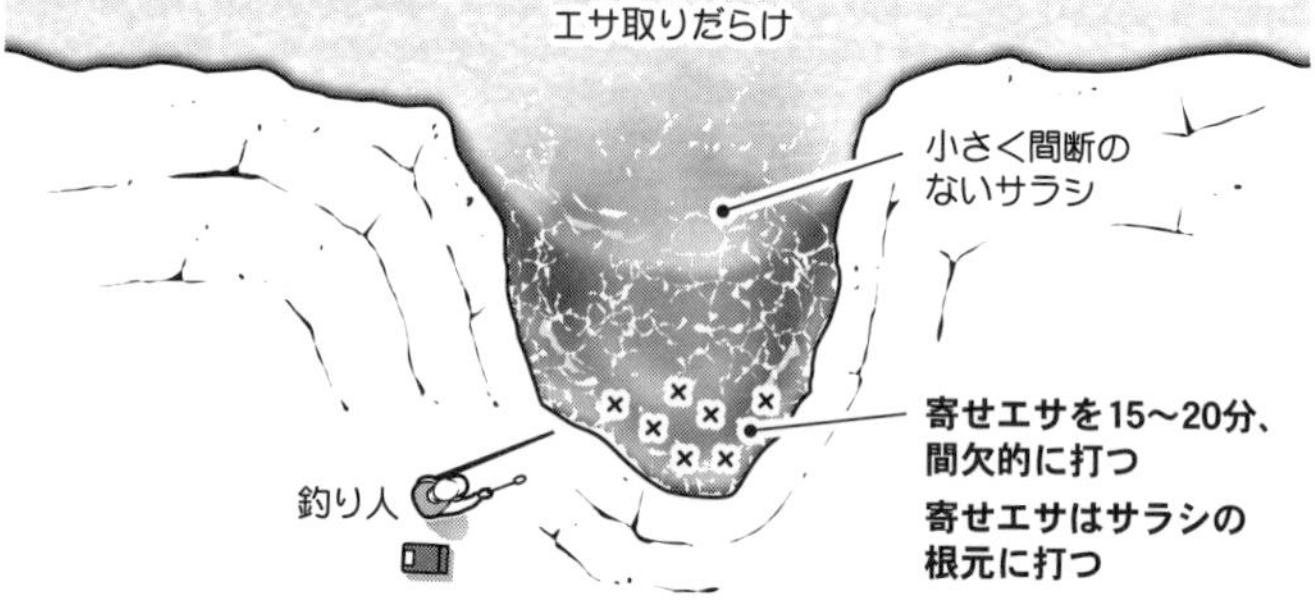
エサ取りだらけ
小さく間断の
ないサラシ
寄せエサを15～20分、
間欠的に打つ
寄せエサはサラシの
根元に打つ
釣り人

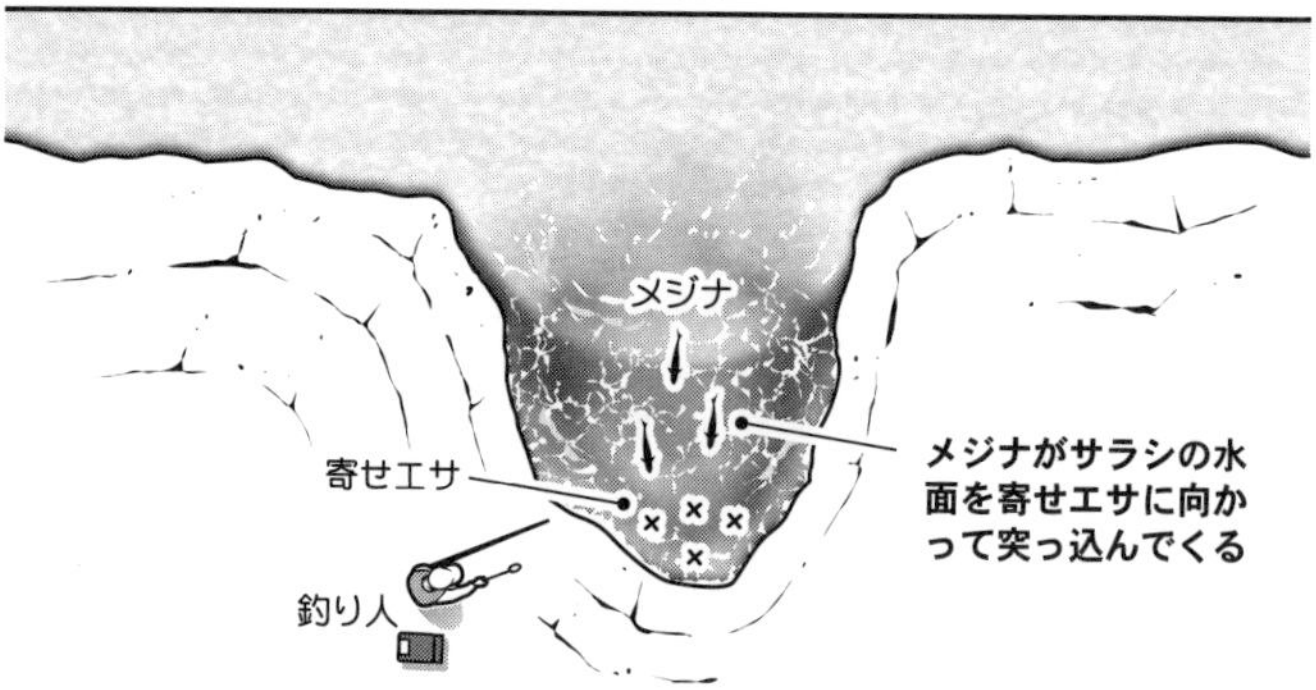
メジナ
寄せエサ
メジナがサラシの水
面を寄せエサに向か
って突っ込んでくる
釣り人

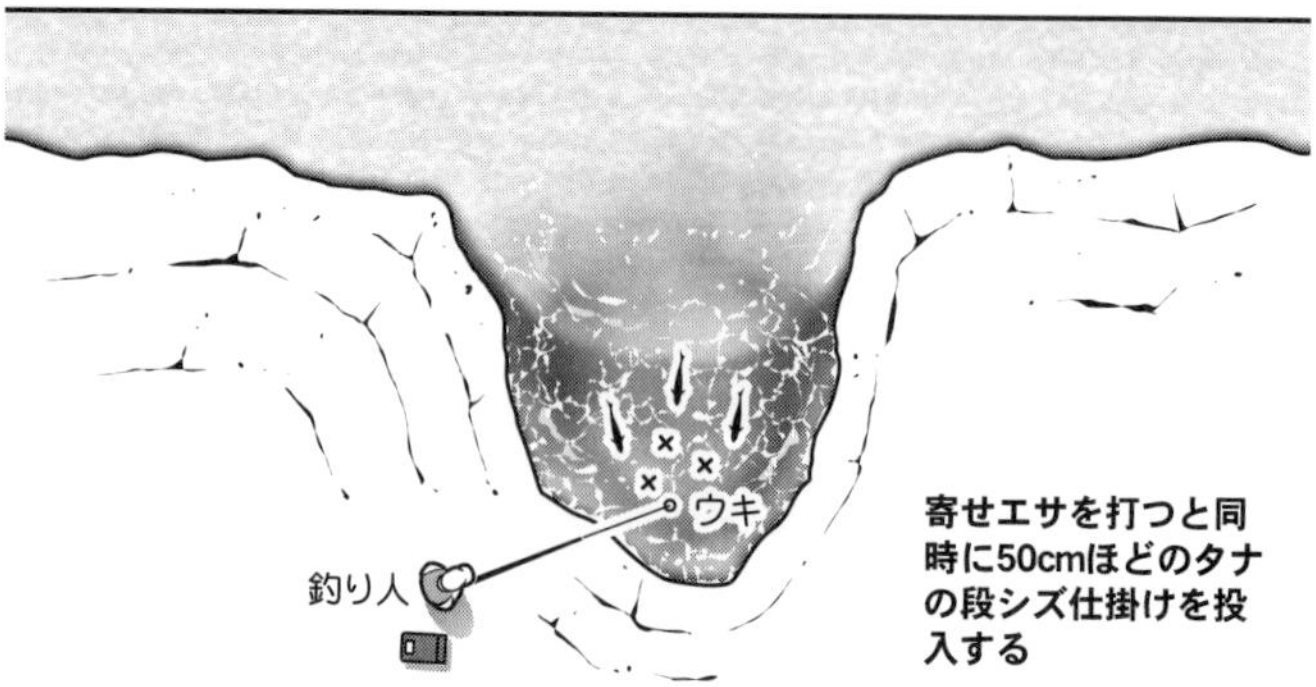
ウキ
寄せエサを打つと同
時に50cmほどのタナ
の段シズ仕掛けを投
入する
釣り人

サを打ち、エサ取りの下のメジナを確認したら同位置に寄せエサを打ち、同時にメジナのタナに合わせた段シズ仕掛けを2～3m先に振り込みます。さらにエサ取りが沈まないように寄せエサを打ち、仕掛けが浮き上がらないように立たせたままでエサ取りとメジナの位置に引いてきて、エサ取りの下に見えるメジナに食わせます。

⑤サラシ釣法―1

小アジや小サバなどに海一面を占拠され、打つ手なし、参った！という状況でも有効です。海面の上下などでできる間断のない小さなサラシを利用します。サラシが切れて、水中が透き通って見えてしまう瞬間があるサラシは使えません。

これはもともと西伊豆のメジナ漁師がアミコマセを使って用いた釣法ですが、メジナの活性の高い時期にはエサ取り対策でなくても有効で、現在でもゴロタ浜で一部の釣り人が行なっています。また、九州・甑島の漁師によるパン粉釣法とも似ています。

まず、サオをださずに小さなサラシに寄せエサを撒き続けます。15～20分ほど撒いていると、そのサラシの水面にメジナが突っ込んでくる姿が確認できます。こうなればしめたもので、ガン玉使用の50㎝ほどの浅ダナで食ってきます。サラシの先にはエサ取りだらけでも、メジナはサラシの中で食います。ただしいくら寄せエサを撒き続けても、真鶴などのスレた釣り場ではなかなか突っ込んできません。この場合、肩透かしを食います。

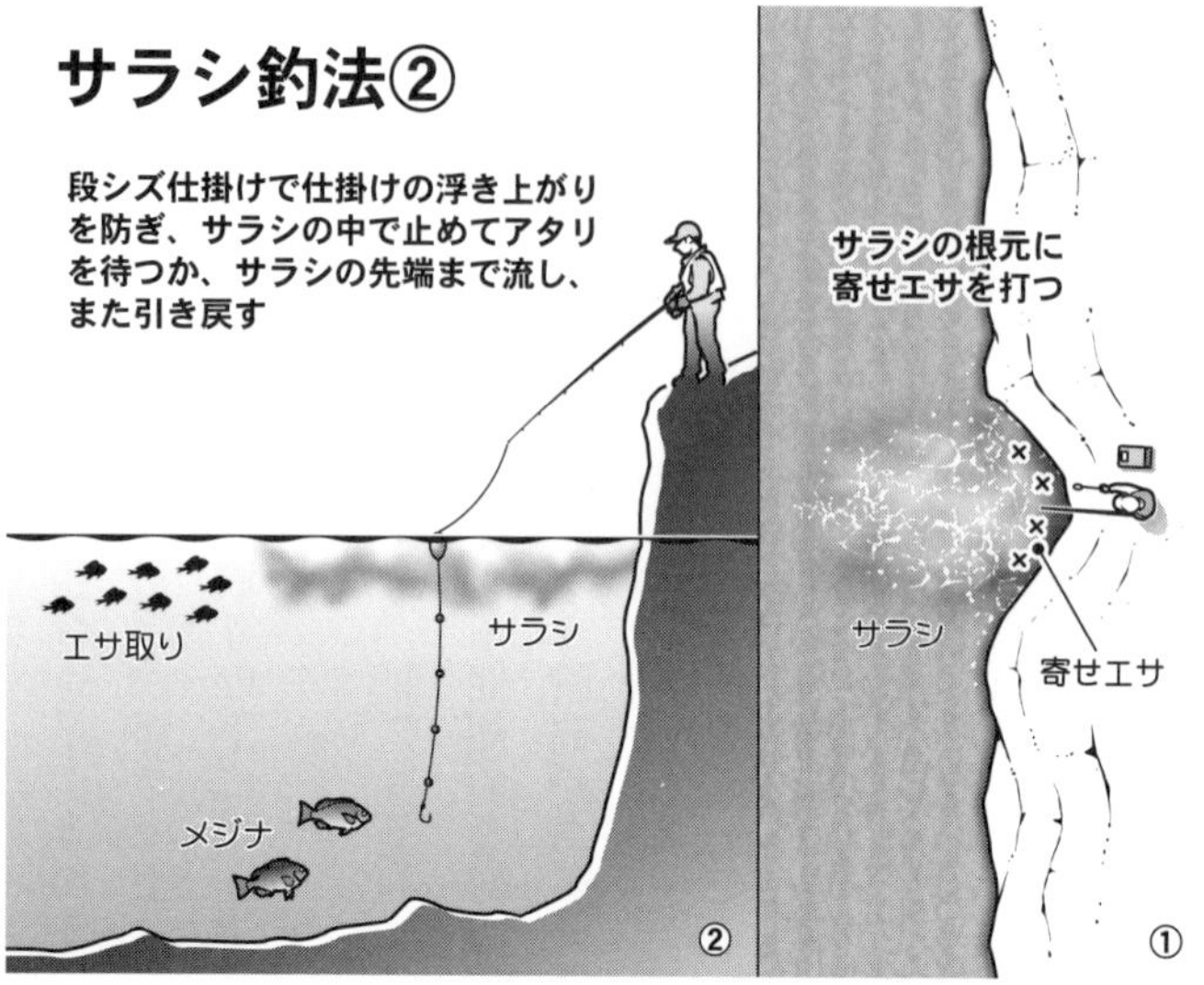
サラシ釣法②
段シズ仕掛けで仕掛けの浮き上がりを防ぎ、サラシの中で止めてアタリを待つか、サラシの先端まで流し、また引き戻す
サラシの根元に寄せエサを打つ
エサ取り
サラシ
メジナ
サラシ
寄せエサ
②
①

⑥サラシ釣法―2

やはり小さなサラシを使いますが、これはエサ取り対策というより、サラシの下から出ないメジナをねらう釣法です。サラシに負けない段シズか、ハリ上30㎝くらいにB～2Bのガン玉を打ち、タナは1～4ｍでサラシの中にウキを留めてアタリを待ちます。寄せエサはサラシの根元に打ち、ウキを一点に止めるか、またはサラシの末端まで流しては引き戻します。大型が当たる可能性があり、ハリスは太めにします。

⑦同時撒き

エサ取りが跋扈する中での釣りに必要な、基本的な技術があります。それは、ウキの投入と寄せエサの投入のタイムラグをなくするということです。これには2つの意味があります。1つはエサ取りに付けエサを取られる前に寄せエサに合わせるためです。ウキを投入してから5秒も10秒もたってから寄せエサを投入しても、その間に付けエサを取られてしまえば意味がありません。

また、良型のメジナは活性が上がるとエサ取りや小メジナをはるかにしのぐスピードで水面近くに食い上がります。この状態は長くは続きませんが、こういうときの良型メジナは鋭角的に素晴らしいスピードで走り回り、着水した寄せエサに一番に到着し、またすぐ反転して沈んでしまいます。これが2つめの理由で、タイムラグがあるとこのチャンスを逃してしまいます。

そして、これらに対応した究極の釣法が同時撒きです。右手でサオを振り左手で同時に寄せエサを打ち、ポイントに同着させるのです。これは非常に難しい技術で、私も正確性がありません。私は右手で投入し着水寸前にサミングでラインを張り、着水位置を確認した直後に左手で寄せエサを1～2m手前に打ち、引き戻して寄せエサに合わせています。これでほぼタイムラグをなくせます。

メジナの活性を感じ取る

秋磯に多い状況ですが、釣りの対象になる25～30㎝のメジナがボイルすることがよくあります。水面までボイルしているメジナはエサ取りを蹴《け》散らし、タナ50㎝でウキと寄せエサを合わせれば瞬時に食ってきます。ところが15分もすると、メジナは見えなくなり沈んでしまいます。

見えないときの次の推理にはエサ取りの動きが役立ちます。メジナが見えなくても、寄せエサに寄ったイワシの稚魚などがいっせいに跳ね上がることがあります。こんなときにはメジナは少なくとも1～1・5mまでは浮き上がっているので、そのタナに合わせます。メジナも見えず、エサ取りのハネもないときは、少なくとも2～3mより深く沈んでいる可能性が高いので、タナを深くします。

こんなふうに、エサ取りの動きでメジナの活性を感じ取れます。なお、ボイルするメジナのサイズは、慣れれば波紋の大きさで判断できます。

ボイルなどの水面の変化でメジナのタナや活性を推し量ることができる

エサ取りの時期でも積極的な釣りを

さて、ここまでエサ取り対策を話してきましたが、普段の釣りでいつもこんな釣法を使っているわけではありません。8割方は打ち分けと遠投で対応し、他の釣法は困ったときの打開策です。また、これまでの釣法は、エサ取りの時期であってもすべて積極的に寄せエサに合わせるものです。

反対に、消極的な釣法の一例を挙げると、足元に寄せエサを打ち、寄せエサと離してウキを打ち込みアタリを待つという方法があります。メジナの活性が高ければ食ってくることもありますが、これはとても消極的で偶然を待つ釣りです。釣ったというより釣れたという釣りで、とても釣果は伸ばせません。エサ取りの時期でも技術を上げて、より積極的な釣りをしてください。

言い訳その2「水温が低かった」

前項までは水温の高い秋磯などで起こることを話ました。ここから先は、水温低下時の対応についてです。

①深ダナを探る

西風が吹き、水温が2℃くらい急降下すると非常に厳しい釣りになります。付けエサはいつまでたっても残り、途方に暮れてしまう。こんなときの私の考え方は、とにかくアタリを出そうとします。ハリは3号、ハリスは1～1・2号に落とし、長さは4・5m取ります。水温が低く活性の低いメジナは、クチブトなら1号ハリスでも40cmは取れる可能性があります。固定ダナと沈ませを繰り返しますが、深場所での固定ダナは15mくらいまでは取ってみます。こんな事態にその年初めて会うと、冬磯が来たと感じます。

②根際・壁際をねらう

活性が低く根から離れないメジナを想定して、沖でも足元でも根が見えれば根際や壁際もねらってみます。ゆっくりと沈めて根際に落とし込みますが、潮が流れていれば速度を計算して、潮上から根際へぶつけるように沈めます。待ちすぎると根掛りしてしまいますが、ウキ回収のタイミングを間違わなければそれほど根掛りを恐れる必要はありません。オーバーハングした壁際などでは、ウキが吸い込まれていくだけで期待感が膨らみます。

③沈み潮を感じ取る

シブシブ浮力のウキを流したり、ゆっくりとした沈ませ釣りをしていると、ウキが吸い込まれるように沈むポイントが分かることがあります。これを感じ取ることは割合難しく、安定したラインコントロールが行なわれていないと、ラインから余分な浮力がウキに作用してしまい気付くことができません。

沈み潮は、潮のぶつかり（潮目）などで視認できるときもありますが、海底の変化と潮の流れによっても起こります。この場合、ウキを流す中で感じ取るしかありません。しかしこれを感じ取り、ウキが沈むままに送り込めればヒットする確率は高くなります。

④潮目をねらう

流れのぶつかりには潮目ができることが多く、水面や水中の浮遊物が集まりポイントになります。潮目は水色の違いや泡などの浮遊物の列で視認できます。寄せエサが届くのであればねらってみる価値はあります。ただし風によって浮遊物が並ぶときもあるので、浮遊物が並んだ＝潮目とは限りません。

その他の言い訳「潮・水温・風」

●言い訳その３「潮が動かなかった」

潮が動かないだけなら、メジナの活性は落ちますが口を使わないことはありません。これに水温低下が加わると厳しくなります。この場合も前項と同じで、アタリを出すことを最優先し、深ダナ、根際などを探り、付けエサをむき身にしたり、細ハリスの４・５ｍのフワフワにします。そしてこんなときのポイント捜しの基準は、「エサ取りがないときはエサ取りがいる場所を捜す」です。

●言い訳その４「水温が不安定だった」

２月下旬に下がりきった水温は、３月に入ると徐々に上昇を始めます。３月中旬〜４月中旬になると、プランクトンの影響で潮が濁り、菜っ葉潮と呼ばれる暗い緑色の海水や赤潮が発生します。この時期は潮温が日ごとに激しく変化することが多く、メジナは好調の次の日に全く口を使わないこともあります。ボウズを食らうのもこの頃です。20年くらい前までは集団的な乗っ込み期で大メジナの大釣りもありましたが、近年は産卵が５月中旬

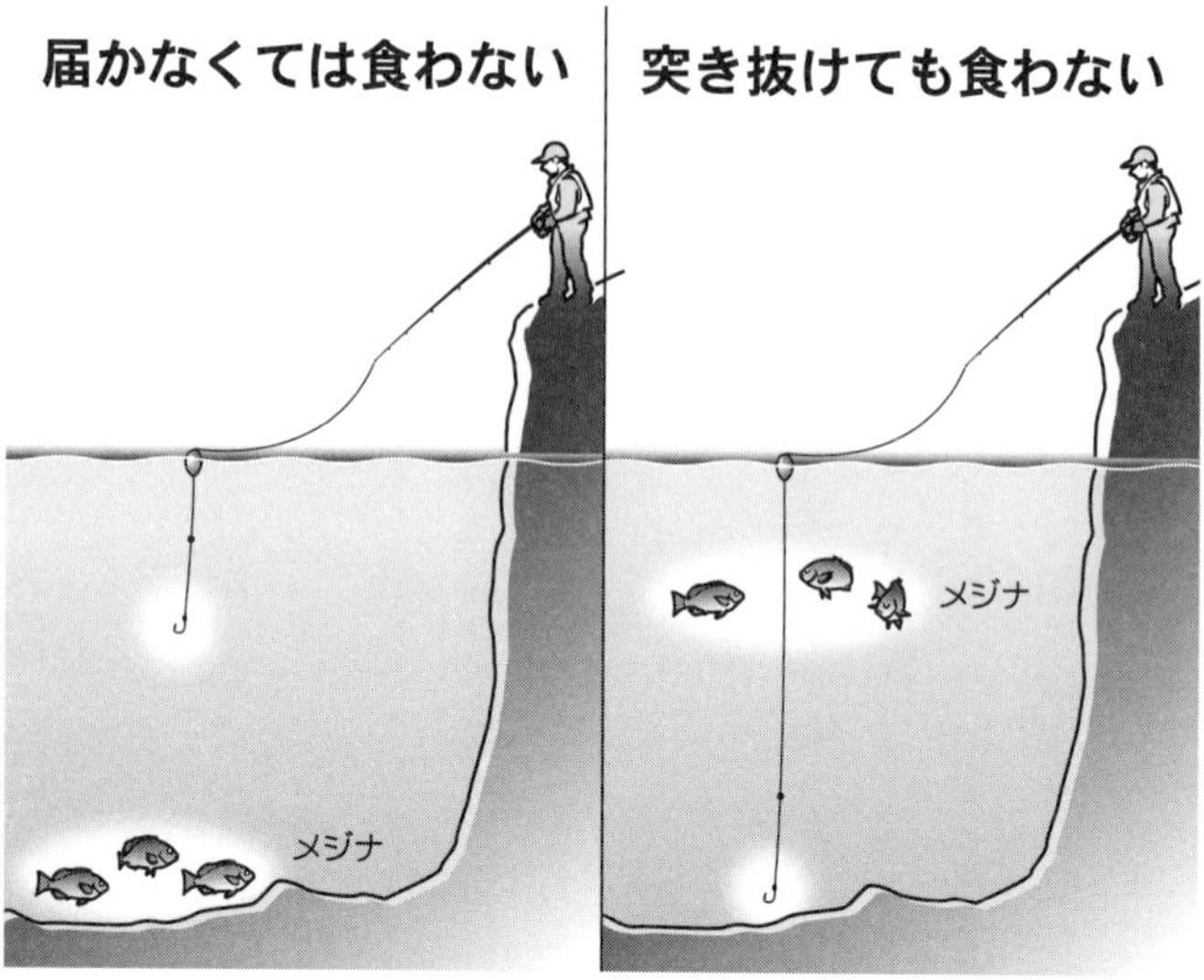
届かなくては食わない
メジナ
突き抜けても食わない
メジナ

までだらだらと続いているようで、大釣りの話もあまり聞こえません。そして最も難しい状況に遭遇するのもこの時期です。

対処の方法としては、やはり深ダナと足元や沖の根際をあきらめずにねらい、沈み潮などに敏感に対応することです。アタリは1日を通して1～2回、などということも起こります。

しかし、水温の上がり際などには打って変わって好調に転じる日もあります。深ダナにこだわっていると、3～4mの浅ダナで盛んに寄せエサを拾うメジナの群れに気が付くことがあります。付けエサがメジナのタナを突き抜けてしまってはアタリは出ません。あわてて浅ダナに変更すると、産卵期の丸々と太ったメジナの連発を味わえます。

日ごとの変化が激しい、「届かなくては食わない、突き抜けても食わない」という難しい釣りの時期です。こんなときは、春磯が来たなと感じます。


【エピソード】

10年ほど前の釣り大会のことです。4月上旬に神子元島、横根、石取の3島で300人で行なわれたその日、検量対象になったメジナはたった3尾でした。ところが同時期の神子元のカリトで、50cm近いメジナを筆頭に40cmオーバーが21尾。こんなことが起こる季節なのです。

●言い訳その5「潮上だった」
これは簡単で、やることは決まっています。潮下の釣り人とウキを流す筋を変えるのです。潮下の人が10mの距離で釣っていれば、自分は20m投げる。20mなら30mというように。潮下の釣り人が遠投しているようなら自分は壁際を流す。要するに潮下の人の寄せエサ係にならず、自分のポイントを作るのです。

ただし、潮上ではウキの投入と引き上げのタイミングを潮下の釣り人に同調させなければ

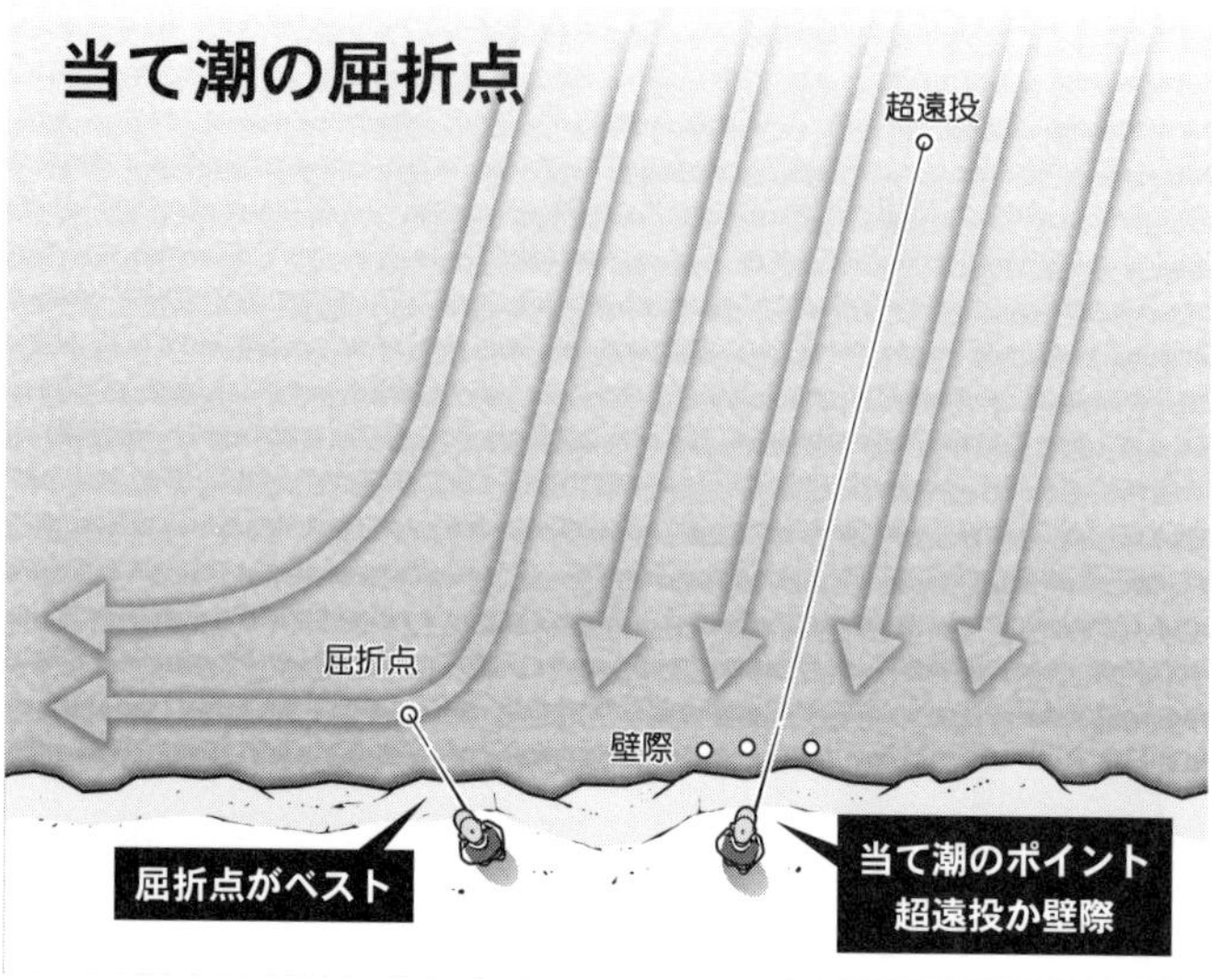

ばなりません。同時に投入し、潮下の釣り人がリールを巻き始めたら、さらに流したくても自分も巻きます。タイミングがずれるとオマツリをしてしまい、迷惑をかけるからです。

潮上では、いかに上手く釣っても潮下の釣り人よりも有利になることはありませんが、だからといって釣りにならないわけではありません。

●言い訳その6「当て潮だった」

当て潮は必ずどこかで屈折して、釣り場と並行して流れ出します。自由に釣り場が選択できるのなら、その屈折点を見つけてそこから潮下を釣ればよいのです。しかし釣り大会などで場所を自由に選択できず、どうしても当ててくる所でしかサオをだせないのであれば、まずは超遠投です。そして自分の前に戻ってくるまでに食わせるのです。また、こんなときは自分の足元の壁際がよいポイントになります。仕掛けが浮き上がらないように段シズ仕掛けで、根掛りを避けながら根掛り覚悟で、壁際をゆっくり沈ませます。

●言い訳その7「横風がひどかった」

ここまでくれば、この対策はお分かりでしょう。まずは風を避けられる場所があるかないか。風を避けられないのであれば、ウキの選択基準に沿って、風に負けない大きめのウキを使う。そしてシンキングラインでウキとラインを海面下に沈める。さらにタナまでの時間を考えて、寄せエサをウキと離して風下に打つ。この3つです。

しかし横風が強いときの問題がもう1つあります。潮の流れを読むことが難しくなるのです。特に緩い潮の流れとその逆方向の強風の組み合わせが難しく、海を眺めていても風波に邪魔され、潮の流れの判別は困難です。流れが読めなければ、釣りが全く組み立てられません。しかしこれもウキとラインを沈めることによって解決します。風波の影響はせいぜい水面下1mくらいです。その下に沈んだウキとラインは潮に流され、リールを巻けば必ず潮下方向からウキが回収され、潮の流れに気付きます。

●言い訳その８「二枚潮だった」

前項の横風による二枚潮は頻発しますが、その他はそれほど起こりません。ただし、大きなワンドや堤防の出口などで、風によって吹き込まれた海水が縦の循環でワンドの外へ逃げていく場合にも二枚潮が起きやすくなります。また、速い潮が流れていると、浅根などにより、やはり縦のケンミになることがあります。

二枚潮も前項と同様で、沈んでいくウキを追視していれば、水面下の潮の動きが分かります。どちらに寄せエサが流れていくかが分かれば、釣りは組み立てられます。

言い訳を乗り越えて価値ある１尾を

六ノ扉

トーナメントへの道

コマセの遠投力、スピードアップなど

　磯釣りが好きで、上手くなりたいと思い続ける人なら、だれでも一定のレベルには到達できます。弐の扉で、釣りの技術は、タックル、人的技術、読みとそれに対応する釣法の3つだと話しました。この中でも、タックルは理屈が分かれば対応できるし、海況への読みと対応は、釣りを続けていれば引き出しは自然と増えてきます。もっとも獲得しにくいのが、人的な技術です。人的な技術の中でも、ラインコントロールは大方の釣り人が獲得できます。最後に残るのがキャスティングとコマセワークです。特に後者の獲得が難しく、寄せエサの打ち方を見れば、ほぼその釣り人の釣り方の特徴と技術レベルが分かります。この2つはいくら釣りが好きでも、練習なしにはなかなかレベルは上がりません。実は、私は練習嫌いなので、長く釣りをしている割にははっきりいって下手です。トーナメントを目差す人はキャスティングとコマセワークの正確性とスピード、ぜひこの2つの技術を磨いてトーナメントへの扉を開いてください。

　私は、メジナでもアユでもトーナメント大好き人間です。遊びの中でドキドキ感や高揚感を得られるのはこれしかありません。だから、歳だからといってその楽しみを捨てるな

どという馬鹿なことはしません。いつまでも「若いモン」とも関わり、いじめてやろうと思っています（笑）。

①寄せエサの遠投力

エサ取り突破のための寄せエサの打ち分けとランダム釣法を前に話しました。これらを例にとってみても、寄せエサの遠投力と正確性がないと思うようにはいきません。遠投したウキに1発で寄せエサを合わせられず、2発3発と打ってしまえば沖にエサ取りが寄ってしまいます。遠投力と正確性があるということは、近距離でも遠距離でも思うままにねらえ、引き出しが増えることなのです。だからトーナメントへの道には、寄せエサの遠投力と正確性がまず必要なのです。

【エピソード】

昨年（２０１０）、ＧＦＧの釣り大会で地磯に３人で上がり、並んで釣りました。海一面に小メジナがわき、25㎝以上の既定サイズを得るのが難しい状況。私は、他の２人の寄せエサで近距離に小メジナを寄せてもらって遠投で良型が拾えるだろうと思いました。ところが北陸のＨ氏が私以上に遠投力がありビックリ、２人で潰し合いになりました（笑）。

また千葉のT氏は、一夏の間、海岸で砂を投げてコマセワークの練習。これだけの理由ではありませんが、翌年からトーナメントで連戦連勝です。

②バッカンを見ない

バッカンから寄せエサをすくうとき、大方の人はバッカンを見ます。その瞬間にウキから目を離し、寄せエサを投入するときにウキを確認し直します。これで極端にスピードが落ちます。ウキから目を離さず寄せエサを投入すれば、スピードが上がります。

③キャスティングのスピードアップ

キャスティングはいろいろなフォームがありますが、大別すると、エサを付けてからウキを巻き上げずに投げる方法と、ウキを適当な位置まで巻き上げてから投げる方法の2つがあります。前者は難しいのですがスピードに優れます。後者は、巻き上げ動作と位置を確認するために時間がかかりますが、後方へサオを振りながらウキを巻き上げベールを起こし、よどみなく投入すれば短縮できます。しかしこれも難しく、練習あるのみです。

④逆手撒き

楽しみの釣りなら寄せエサを利き手で撒き、サオを持ち替えても全く問題はありません。一定の時間で10尾と9尾の釣果に大した差はありません。しかしトーナメントを目差すな

限られた時間の中で複数の選手と釣果を競い合うトーナメントでは、基本動作のひとつひとつに、より正確性とスピードが求められる

らこの1尾の差は大きい。やはりスピードアップのために逆手撒きを習得すべきです。

【エピソード】

徳島の釣りの天才のY氏は、もともと利き手撒きでしたが、それでも抜群のスピードを持っていました。それがある年のトーナメントでは逆手で撒いていました。しかし手首が折れてしまいコントロールがままならず、結局利き手にヒシャクを持ち替えていました。ところが翌年の試合を見てビックリ。逆手で、素晴らしいコントロールで寄せエサを打っていた。本気で練習したのだなと感じました。

ハリ外しのスピードアップ

掛けたメジナのハリ外しは、意外に難しい技術です。早く外すためには、掛かり所による外し方の違いを理解しなくてはなりません。

ハリを飲み込まれたとき、口の奥深く柔らかい部分に掛かったハリは、口を開いてハリスをゆっくり引けば簡単に抜けます。また手前の硬い部分に掛かったハリは、小指を口に突っ込み小指の爪でハリ外しのように押せば外れます。

ただし、口奥の柔らかい部分からハリを引き抜いたメジナは100％死にます。また小指を入れる外し方でも血が流れることが多く、死ぬ確率は高くなります。私は、リリースする場合には、口奥ならハリスを切ってそのままリリースするし、硬い部分に掛かった場合には、ハリ外しで丁寧に外して逃がします。

パターンの読みは総合力だ

メジナは長い時間ではありませんが、一定のタナ、一定の距離、一定の仕掛けの、いわば同一のパターンで釣れ続きます。そして次のパターンへと移っていきます。このパターンと変化をつかむのは読みですが、これこそ総合力が問われます。

普通、トーナメントでは試合開始当初はメジナは浅ダナに浮き、早アワセで入れ食いになることが珍しくありません。ところが時間の経過とともに、ガタッと釣果が落ちてきます。これは大量の寄せエサが入ってメジナが飽食することが第1の原因で、第2には次々と仲間が釣られ、残ったメジナが学習して賢くなるからです。そしてタナは深くなりますが、ときおり浅ダナまで浮いてきます。これにはまず釣り人がタナの変化を読まなくてはなりませんが、「メジナの活性を感じる」ことも参考になると思います。

賢くなったメジナはハリスの付いたエサに警戒感を持ち、一気に食い込みません。付けエサをついばみ、試すようにゆっくり引き込み、違和感があれば離してしまいます。このときウキに残存浮力があると、たとえハリにエサが残っていてもウキの浮力で浮き上がりノーチャンスです。また、このハリにエサが残ることが重要で、「付けエサの工夫」の項

（付けエサの加工、半ボイル）が参考になります。そして浮力を殺したウキであれば付けエサは同じ位置にとどまり、再度のアタックを待つことができます。再度のアタックは鋭いアタリになることが多く、このとき合わせればメジナは掛かります。最初のゆっくりしたアタリは、メジナがエサを口にくわえているだけなので、早アワセをしてもすっぽ抜けます。やはり鋭いウキの動きが出るまで待つ、遅アワセでないと掛かりません。

距離についても、試合開始当初は近距離で既定サイズが釣れていたのが、次第に近距離ではサイズが落ちて遠投傾向になりますが、この距離への読みと対応技術が問われます。そして何より、漫然と同じパターンを繰り返さず、3～4投して掛からなければ次のパターンへ移れる読みと引き出しの多さが問われます。

さて、六の扉では、ここまで人的技術の正確性とスピードの必要性を強調しました。言い換えると基礎技術なのですが、これが高い人は釣果が安定します。同じ読み、同じ仕掛けであれば、同一のパターンの間に何回正確に繰り返せるかで釣果が変わります。10分間に10回投げられ、10回同じことを正確に繰り返せる技術と、8回しか投げられず、正確性が8割の技術では全く釣果が異なります。だからトーナメントには正確性とスピードが必要なのです。

遅アワセ

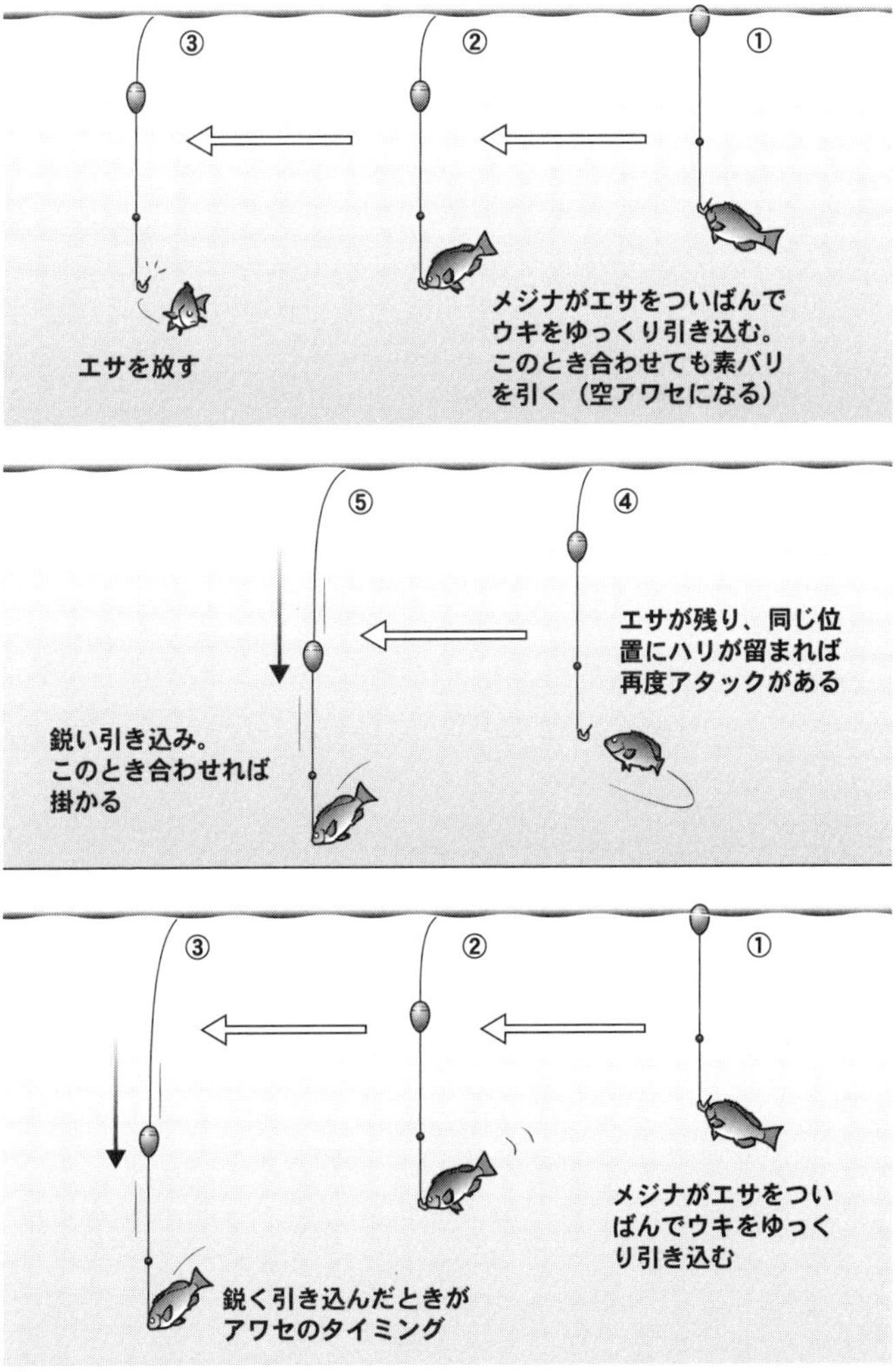
①
②
③
メジナがエサをついばんでウキをゆっくり引き込む。このとき合わせても素バリを引く（空アワセになる）
エサを放す
④
⑤
エサが残り、同じ位置にハリが留まれば再度アタックがある
鋭い引き込み。このとき合わせれば掛かる
①
②
③
メジナがエサをついばんでウキをゆっくり引き込む
鋭く引き込んだときがアワセのタイミング

七ノ扉

釣果のきっかけをつかむ小技集

知ってて損ナシ!のエトセトラ

最後に、私が普段行っていて、だれでも簡単にできる小技をお話しします。釣果とは直接関係のない項目もありますが、こうした「小技」をたくさん持っていると、思わぬところで役にたつことがあるものです。

●円錐ウキの簡単交換

ウキ止メ用のゴム管から30㎝くらい上のところでラインをカットして円錐ウキを抜き、他のウキをサオ側のラインに通します。ストロングノットで結び、ウキ止メゴム管を結び目まで移動して完成です。同じ性質のライン同士なので、ストロングノットでも強度は保たれます。しかしやはり結節部が気になりますので、次のハリス交換時には結び目を清算しましょう。

●釣り座で仕掛けメンテ

ハリ、ハリス、ウキの交換等は、釣り座から移動せず、サオ先を海側に向けて股に挟み、

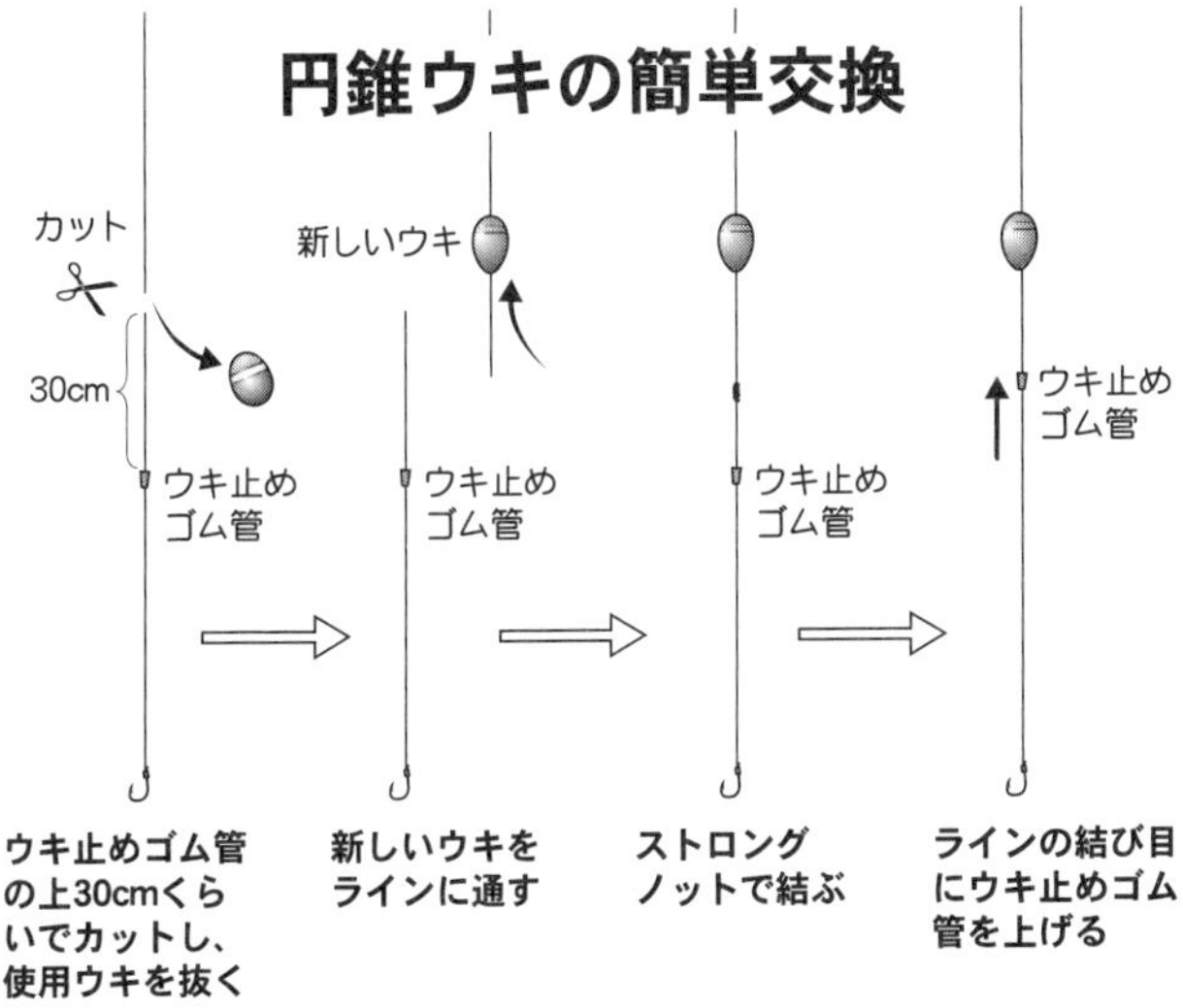
円錐ウキの簡単交換
カット
30cm
新しいウキ
ウキ止め
ゴム管
ウキ止めゴム管の上30cmくらいでカットし、使用ウキを抜く
新しいウキをラインに通す
ストロングノットで結ぶ
ラインの結び目にウキ止めゴム管を上げる

釣り座に立ったままで行ないます。時間短縮と、混雑した堤防などの釣り場ではトラブル防止になります。これも技術の1つです。

●超遠投

水道を流れ出た潮流は、必ず広い場所に出て弱まるか止まります。足元から流す釣りが不調のときは、到底寄せエサが届かないポイントでも一度は直接ウキを入れてみる価値はあります。また、遠く離れた流れであっても、寄せエサがそこに利いていると思ったら、同様に直接ウキを入れるのも価値があります。マグレか必然か、良型がかかることがあります。タナはいずれも浅ダナでOKです。

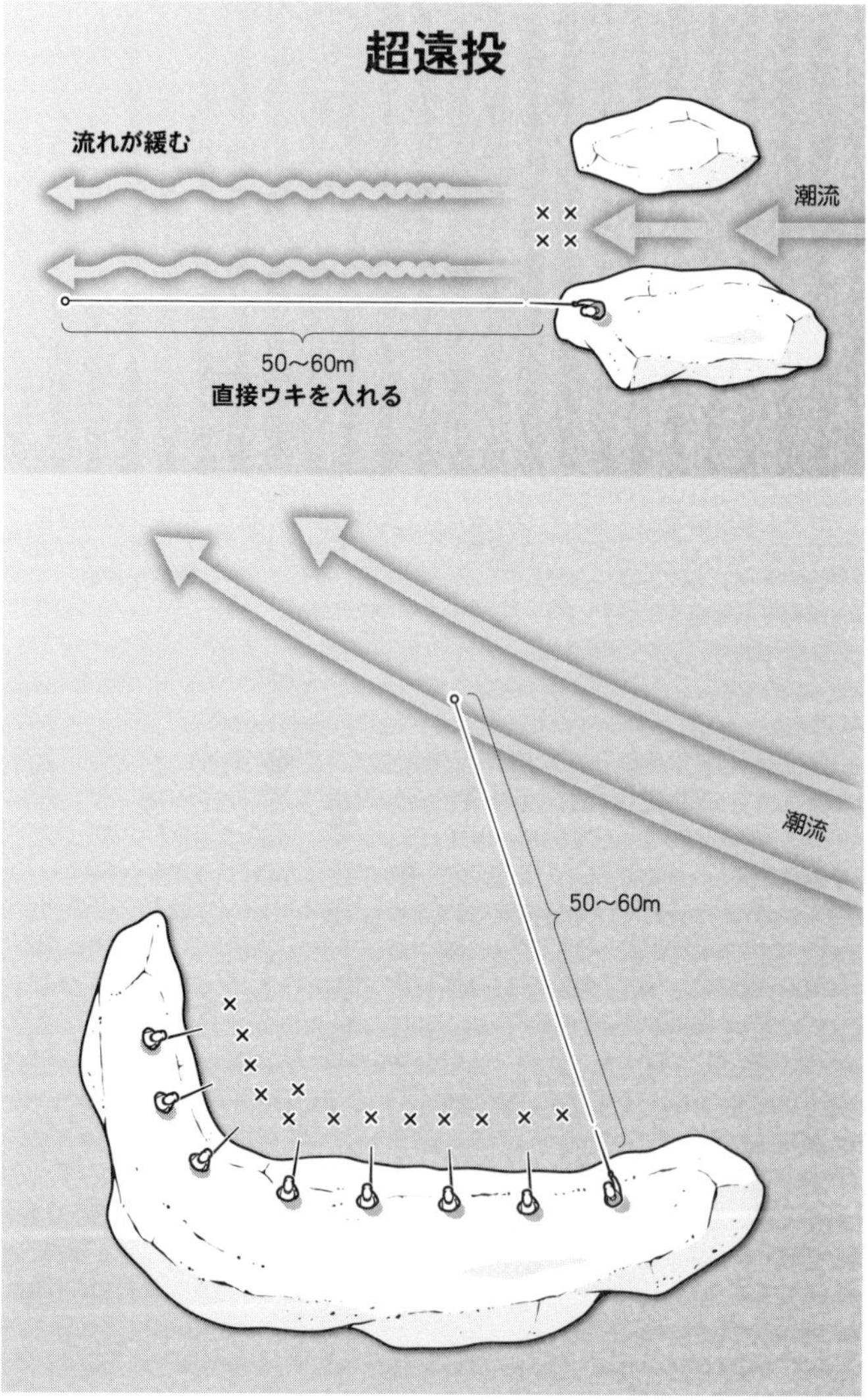
超遠投
流れが緩む
潮流
50～60m
直接ウキを入れる
潮流
50～60m

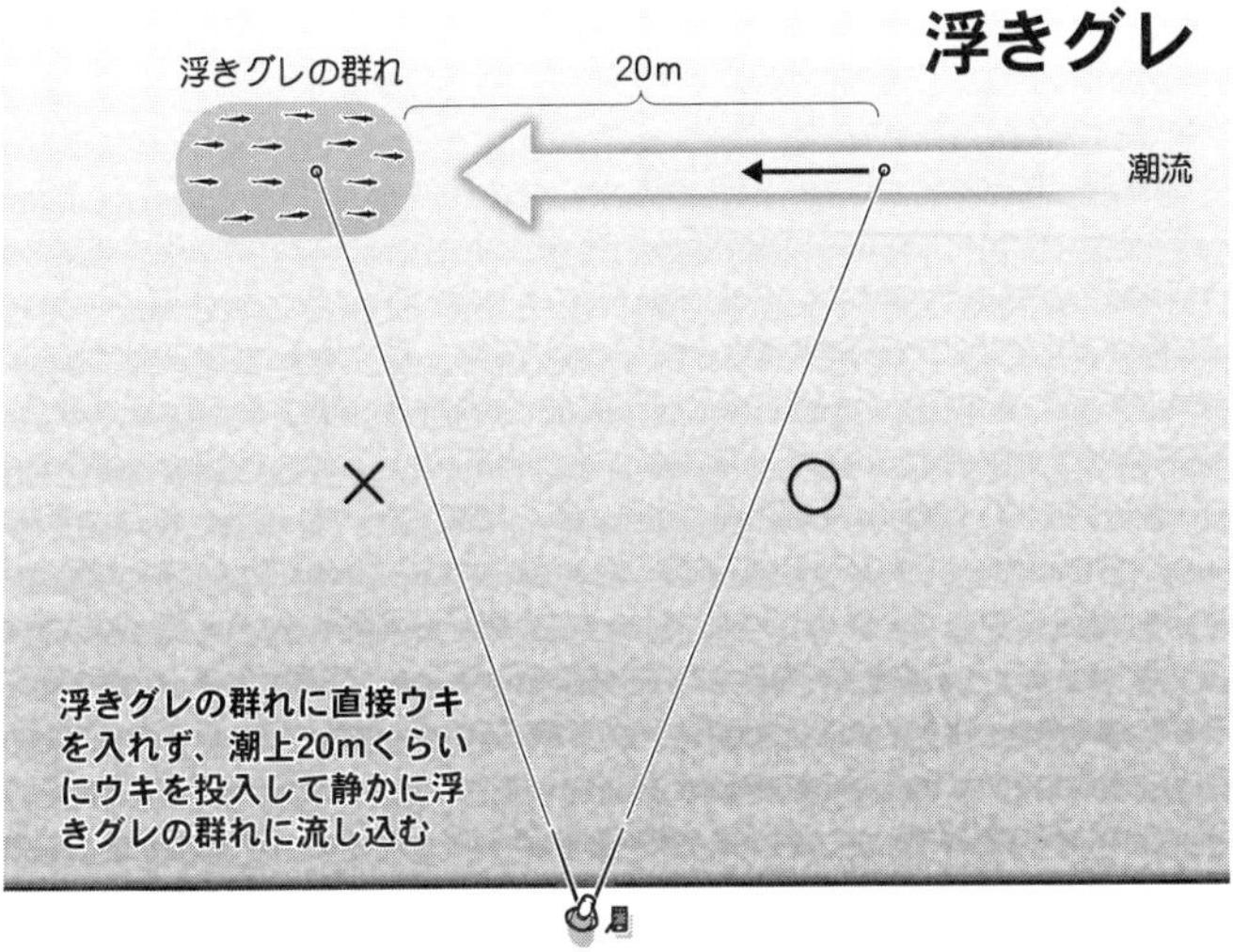
浮きグレ
浮きグレの群れ
20m
潮流
×
○
浮きグレの群れに直接ウキを入れず、潮上20mくらいにウキを投入して静かに浮きグレの群れに流し込む

【エピソード】

中木カツオの潜水艦（南伊豆）でのこと。上り潮がごうごうと入間方面に向かっています。潮上で釣っていたので面白くありません。潜水艦の釣り人に邪魔にならないように井戸に移り、デカウキに交換して、流れが弱まるあたりに超遠投。浅ダナで連続2尾の良型メジナの拾い物。

また沖横根裏本場側のワンド（伊豆・下田）でのこと。西風を避けて14、15人がサオをだしていました。朝方を除き全くアタリのないままに終了時間が近づきます。沖を上り潮が走っていましたが、ワンドの寄せエサは必ず利いているはずです。右端の高場の釣り人がサオをたたんだので、早速そこへ移りウキを交換して超遠投。すぐに良型を釣り、2尾目はハリス切れでバラシました。

●浮きグレ

浮きグレがなぜ起こるかは分かりませんが、イワシのように浮遊物のプランクトンを食べているのではないかと思っています。陸地に近づいたり、沖合に去ったり、長時間にわたり水面にさざ波を立てながら回遊しています。

浮きグレは必ず釣れます。ただし直接ウキを投げ込むといっせいに群れが沈み、遠ざかってしまいます。だからウキは必ず群れの潮上に20ｍくらいは離して、群れを散らさないように投入します。ハリスにはガン玉を打たず、ハリス分のタナで充分です。ゆっくり潮に流し、静かに群れの中に入れていきます。群れを驚かせなければ百発百中で食います。しかし、浮きグレは40㎝前後の良型ですが、腹がへこんでやせていて、釣りの対象とするにはさみしいものがあります。釣れるのは分かっていますが、めったにねらいません。

●ドカ撒き

寄せエサに余裕があるときは、一度に大量に打ってみましょう。良型メジナが浮いてく

小技の数＝釣り人の引き出しの数。ちょっとしたことが良型と結びつくのも珍しくない

ることがあります。メジナが見えればしめたもので、ウキを合わせれば釣れる可能性が大きいです。またメジナが見えなくても、大量に打った寄せエサの先端をねらってみましょう。食ってくる可能性はでかいですよ。

【エピソード】

初島第1堤防先端でのこと。帰り支度をしている釣り人が、余った寄せエサを堤防の先端から海に捨てていました。その寄せエサの先端をねらいウキを投入します。40cmオーバーを掛けた私を見て、さっきまで遠投で掛けていたのに、どうして近場で掛かるの？とその人は聞いてきました。

●5分待ち

ドカ撒きと逆ですが、周りに全く釣り人がいないときに効果的です。大メジナがいると思うが、食ってこない。こんなときには5分ほど釣りをやめるのです。あまり長く待つとメジナが去ってしまうので、待ちすぎないように。5分ほど待って、最初の1投に正確に合わせます。寄せエサを待ちくたびれた大メジナが、真っ先に食いつくこともあります。これは壁際の釣りに有効です。ただし他の釣り人の寄せエサが入っていると、メジナはそちらに行ってしまいます。当たるも八卦、当たらぬも八卦、やってみてください。

●75m交換

伊豆半島周りでは、リールに下巻きのラインを入れ、ラインは75mしか交換しません。半島周りでは75m以上流すことは少なく、また、たとえそれ以上流して継ぎ目が出てから掛かっても、長く出たラインの弾力がショックを吸収してくれます。それに経済的なので、ラインの交換頻度が上がります。ラインの交換をおろそかにすると、良型を掛けたときに高切れを起こして痛恨の思いをするだけではなく、ウキもなくして結局は高いものにつきます。ただし離島では150m交換します。

●簡単血抜き

私はメジナを自宅に持ち帰る時には、必ず血抜きをします。方法は、ナイフは使わず左手で行ないます。メジナのエラは口と腹の両側にそれぞれしっかりと1ヵ所で付いています。まず5本指で口側の付いた部分を一度に根元から引き抜くように切ります。次に腹側も根元からちぎるように引き抜くと、スポンとエラ全体が取れ、しばらくメジナから血が流れ続きます。

ただし指を根元までしっかり入れず、中途半端な深さで抜こうとすると、エラがバラバラになって上手くいきません。他の人にも教えますが、意外に難しいようです。

厳しい状況でも、よくよく見ればどこかにヒントがあるもの。釣り人の観察眼を磨き、総合力を高めて釣りを楽しもう

著者プロフィール

平井幹二（ひらい・かんじ）

昭和24年9月10日生まれ。神奈川県相模原市在住。

釣り好きのオヤジの影響で、物心付いたときにはお魚さんを追い回していた。海川の小魚から始まり、
ヤマメ、アユ、メジナ、ヒラマサへとめぐり、今はアユとメジナに取り憑かれた釣りバカ・オジサン。

頭を割って中をのぞけば、メジナとアユが泳いでいる。

月刊『つり人』をはじめとする各釣り雑誌等で活躍中。グレ釣りでは、特にスレた魚の攻略に定評がある。平成21年7月、つり人社から単行本『アユ友釣り』を上梓した。

相模友釣同好会会長、ＧＦＧ神奈川支部長、関東メジナ研究会会員。

グレ釣《つ》りがある日突然上手《ひとつぜんうま》くなる

2012年2月1日発行

著　者　平井幹二
発行者　鈴木康友
発行所　株式会社つり人社

〒101－8408　東京都千代田区神田神保町1－30－13
TEL 03－3294－0781（営業部）
TEL 03－3294－0766（編集部）
振替 00110－7－70582
印刷・製本　三松堂印刷株式会社

乱丁、落丁などありましたらお取り替えいたします。

ISBN978-4-86447-014-8 C2075
つり人社ホームページ　http://www.tsuribito.co.jp
いいつり人ドットジェーピー　http://e-tsuribito.jp/